WALTER MEHRING

NAZI-FÜHRER SEHEN DICH AN

WALTER MEHRING

Walter Mehring (29. April 1896 in Berlin; † 3. Oktober 1981 in Zürich) war ein jüdisch-deutscher Romancier und einer der bedeutendsten satirischen Autoren der Weimarer Republik. Seit den 20er-Jahren attackierte er in seinen Gedichten und mit satirischer Prosa den deutschen Militarismus, Antisemitismus und Nationalsozialismus.*

WALTER MEHRING

NAZI-FÜHRER SEHEN DICH AN

33 BIOGRAPHIEN AUS DEM DRITTEN REICH

Mit einem Nachwort
von Martin Dreyfus

wbg Theiss

Die Originalausgabe ist 1934 bei Editions du Carrefour, Paris, erschienen.

Die Deutsche Nationalbibliothek verzeichnet diese Publikation in der Deutschen Nationalbibliografie; detaillierte bibliografische Daten sind im Internet über www.dnb.de abrufbar.

wbg Theiss ist ein Imprint der wbg.

Die Herausgabe des Werkes wurde durch die Vereinsmitglieder der wbg ermöglicht.
Redaktion: Birgit Knape, Anne-Marie Stöhr
Gestaltung und Satz: Arnold & Domnick, Leipzig
Umschlagabbildung: Covermotiv des Originals (Edition du Carrefour, 1934) von Paul Urban
Umschlaggestaltung: Burkhard Finken, Stuttgart
Gedruckt auf säurefreiem und alterungsbeständigem Papier
Printed in Germany

Besuchen Sie uns im Internet: www.wbg-wissenverbindet.de
ISBN 978-3-8062-4574-5

E-Book pdf 978-3-8062-4655-1
E-Book ePub 978-3-8062-4656-8

Inhalt

VORWORT

Unter den Opfern, die der Münchener Hitlerputsch am 9. 11. 1923 gekostet hat, steht an zwölfter Stelle verzeichnet Theodor von der Pfordten, Landgerichtsrat. In der Tasche dieses Toten vor der Feldherrenhalle wurde ein Aktenstück gefunden. Es trug die Aufschrift »Verfassungsentwurf« und enthielt 31 Paragrafen. Die wichtigsten davon waren:

§ 1) Die Verfassung des Deutschen Reichs und die nach dem 9. November 1918 erlassenen Verfassungen der Länder sind aufgehoben.

§ 2) Die Staatsgewalt, die Gesetzgebung, Vollzug der Gesetze, die gesamte Verwaltung und die militärische Befehlsgewalt sind im Reich und in den Ländern auf Verweser übergegangen.

§ 3) Alle parlamentarischen Körperschaften sind aufgelöst. Wer an einer hiernach aufgelösten Körperschaft teilnimmt, wird mit dem Tode bestraft.

§ 4) Entlassene (Amtsinhaber) dürfen bei Todesstrafe Amtshandlungen nicht mehr vornehmen.

§ 6) Alle deutschen Männer und Frauen vom 16. bis 50. Lebensjahr sind zum öffentlichen Arbeitsdienst verpflichtet, jeder deutsche Mann vom 18. bis zum 45. Lebensjahr zum Hilfspolizeidienst […]

§ 11) Die Pressefreiheit ruht vorerst. Alle Zeitungsunternehmen und Druckereien können geschlossen, ihre Einrichtungen können für die Allgemeinheit beschlagnahmt werden. Jede der Staatsgewalt und ihrer Maßnahmen abträgliche Äußerung wird mit Strafe und Enteignung des Verlages geahndet.

§ 12) Alle Parteien und politischen Vereine [...] sind aufgelöst, desgleichen alle Arbeitgeber- und Arbeitnehmer-Verbände. Ihre Vermögen sind beschlagnahmt.

§ 13) Aussperrungen und Arbeitseinstellungen werden mit dem Tode bestraft.

§ 14) Das gesamte bewegliche und unbewegliche Vermögen der Angehörigen des jüdischen Volkes kann beschlagnahmt werden.

§ 16) Die Landesverweser treffen schleunigst Maßnahmen zur Säuberung und Entlastung der Städte, Bäder, Fremdenorte, insbesondere zur Entfernung aller sicherheitsgefährlichen Personen und unnützen Esser. Diese sind nach Bedarf in Sammellager zu bringen und nach Möglichkeit zu gemeinnützigen Arbeiten heranzuziehen. Wer sich der Überführung entzieht [...] wird mit dem Tode bestraft.

§ 18–21) Allgemeine Bankensperre – Börsen bis auf weiteres geschlossen – Grundstücke dürfen nur mit Genehmigung der Bezirksverwaltungsbehörden veräußert werden – Alle Preissetzungen von Erzeuger- und Unternehmerverbänden sind aufgehoben. Luxusstätten und Luxusbetriebe sind zu schließen.

§ 27) Wer vom Reichsverweser oder Landesverweser in Reichs- oder Landesacht erklärt wird, genießt im deutschen Reich keinen Rechtsschutz. Wer einem in Acht Erklärten Hilfe leistet, wird mit dem Tode bestraft.

Man findet in diesem Verfassungsentwurf viele Dinge, die das Dritte Reich später verwirklicht hat:

Öffentlichen Arbeitsdienst – Beschlagnahme der Druckereien – Sammellager (inzwischen sind sie in Konzentrationslager umgetauft worden) – Aufhebung des Postgeheimnisses – Haussuchungen usw. Einiges allerdings, was der Landgerichtsrat v. d. Pfordten und mit ihm später Millionen für selbstverständliche Programmpunkte des Dritten Reichs gehalten haben, ist nicht erfüllt worden.

Die Banken waren keine Minute gesperrt – die Börsen nicht geschlossen, der Grundstücksverkauf geht im Dritten Reich ebenso gut oder so schlecht wie vorher – die Preissetzungen der Erzeuger- und Unternehmerverbände sind keineswegs aufgehoben – die Luxusstätten und Luxusbetriebe sind nicht geschlossen, nur dass darin jetzt die Uniformen der SS- und SA-Führer vorherrschen.

Dafür ist ein Punkt weit hinaus über das, was der Amtsgerichtsrat v. d. Pfordten vorgesehen hat, erfüllt. Man muss nicht von dem Reichs- oder Landesverweser in Acht und Bann getan werden, um keinen Rechtsschutz zu genießen. Auf Millionen Antifaschisten und Juden ist der Bannstrahl geworfen, allein weil sie Antifaschisten oder Juden sind.

Der Amtsgerichtsrat v. d. Pfordten hat viele Nachahmer gehabt, die Verfassungsentwürfe machten. Nicht jeder kann im Einzelnen behandelt werden. Aber eines dieser Dokumente darf nicht in Vergessenheit geraten. Es trägt den Namen »Boxheimer Dokument«. Es ist 1931 bekannt geworden. Die beiden Verfasser waren die nationalsozialistischen Landtagsabgeordneten Schäfer und Dr. Best.

Der eine von ihnen, Schäfer, hat im Jahre 1931, angeekelt von der Fäulnis des nationalsozialistischen Apparates, das Dokument an die Öffentlichkeit gebracht. Er wurde am 17. Juli 1933 im Frankfurter Stadtwald ermordet aufgefunden. Er gehört zu den 2000 Opfern, die im Dritten Reich ohne »Rechtsschutz« hingemeuchelt wurden. Der andere, Dr. Best, ist inzwischen zum Polizeikommandeur von Hessen avanciert.

Das Boxheimer Dokument enthüllt bereits – mit prophetischer Sicht – die gemeinsten Gräuel, die das Dritte Reich wahr gemacht hat; in der einleitenden Bemerkung heißt es:

»Für den Fall eines kommunistischen Putsches treten folgende Bestimmungen in Kraft:«

Und dann folgen unzählige Bestimmungen, die inzwischen im Dritten Reich Wirklichkeit geworden sind.

Schon 1931 und früher hat die »Nationalsozialistische Deutsche Arbeiterpartei« den angeblichen kommunistischen Putsch »vorgesehen«. Im Boxheimer Dokument ist die Taktik der Reichstagsbrandstiftung vorweggenommen.

Am 30.1.33 ist Hitler Reichskanzler geworden. Erst seit dem 28.2.33, dem Tage nach dem Reichstagsbrand, ist er wirklich an der Macht. Nahezu zehn Jahre, nachdem in der Tasche des toten Landgerichtsrates v. d. Pfordten der erste »Verfassungsentwurf« gefunden wurde. Diese zehn Jahre des Kampfes um die Macht sind ausgefüllt mit einer Kampagne von Versprechungen nach allen Seiten, die in der Politik beispiellos ist. Ein heiliger Nikolaus der Politik, trug der Nationalsozialismus vor der Machtergreifung in seinem Korbe für jeden etwas. Für den Handwerker und kleinen Geschäftsmann die Beseitigung des Warenhauses und die »Brechung der Zinsknechtschaft«. Für den Arbeiter Lohnerhöhung und den »Deutschen Sozialismus«. Für die Industrie die Zerstörung der Gewerkschaften und die Vernichtung der Arbeiterparteien. Für den Kleinbauern die Streichung der Steuerschulden. Und für den Großgrundbesitzer Riesensubventionen.

Die Politik nach der Machtergreifung ist einfach charakterisiert mit der Feststellung, dass die Versprechungen der Großindustrie und den Großagrariern gegenüber in reichlichem Maße verwirklicht werden, während die den Arbeitern, Angestellten, Handwerkern, den Kleingewerbetreibenden und Bauern gegebenen Versprechungen nicht erfüllt werden; dass diesen Schichten vielmehr neue Lasten teils aufgebürdet wurden, teils drohen.

Wer sind nun die Männer, die zwischen den gehaltenen und den gebrochenen Versprechungen hindurch das Schiff des Dritten Reichs lenken? Sind es die, deren Namen die Welt kennt: Hitler, Göring, Göbbels, Röhm, Frick? Oder stehen hinter ihnen andere, stärkere Mächte, dieselben, die hinter der Szene schon im Kaiserreich und in der Weimarer Zeit das Geschehen in Deutschland bestimmt haben? Das Buch gibt auf diese Frage Antwort.

Den Autoren dieses Buches wurde eine Bedingung gestellt: ihre Fantasie zu zügeln. Als sie das Material verarbeiteten, das in diesem Buch enthalten ist, erkannten sie, wie richtig diese Bedingung war. Wie kläglich ist die stärkste Fantasie gegenüber den Tatsachen des Dritten Reichs!

Der Plan, dieses Buch herauszugeben, entstand, als die ersten Exemplare eines neudeutschen Kunstproduktes über die Grenze gelangte: der Schmähschrift »Juden sehen dich an«. Das vorliegende Buch sollte eine Antwort auf »Juden sehen dich an« werden. In der Arbeit ist es gewachsen. Es ist ein Brevier des Dritten Reichs geworden. In 33 Biografien. Das Buch berichtet nicht über die Gräuel in Deutschland, nicht vom Reichstagsbrand, das ist in den Braunbüchern bereits geschehen. Hier handelt es sich darum, zu zeigen: die Männer am Ruder und ihre Antreiber. Sie sind geschildert nach dokumentarischem Material. Es mag unglaubhaft scheinen, dass unter den Führern des Dritten Reichs so viele kriminelle Verbrecher, Psychopathen, Morphinisten zu finden sind. Wir belegen diese Erscheinung mit Dokumenten.

In diesem Buch ist nichts verschwiegen und nichts hinzugesetzt.

DIE GÖTTER

ADOLF HITLER

»Ich fasse es als Zeichen eines edlen Gerechtigkeitssinnes auf, dass der französische Ministerpräsident Daladier in seiner letzten Rede Worte des Geistes eines versöhnlichen Verstehens gefunden hat, für die ihm unzählige Millionen Deutsche ehrlich dankbar sind.«

Adolf Hitler, 14. Oktober 1933.

»Der unerbittliche Todfeind des deutschen Volkes ist und bleibt Frankreich.«

Adolf Hitler, *Mein Kampf*, Ausgabe 1933, Seite 699.

ADOLF HITLER

»Der Medizinmann als dämonische Figur kann selbstständiges Denken seiner Anhänger ebenso wenig brauchen wie ehrbewusstes Handeln. Er muss folgerichtig, um seine Stellung zu sichern, das eine wie das andere mit allen zur Verfügung stehenden Mitteln auszuschalten bemüht sein. Er muss alle allzu menschlichen Ängste und hysterischen Anlagen großzüchten; er muss mit Index, Feuer und Schwert alles Forschen unterbinden, das zu anderen Ergebnissen führen kann oder gar zur Befreiung von dem ganzen vom Medizinmann gelehrten Weltbild. Der Medizinmann muss einen Roger Bacon genauso in den Kerker werfen wie einen Galilei, er muss das Werk des Kopernikus in Acht und Bann erklären und alle Gedankensysteme zu vernichten trachten, die Pflicht und Männertreue als lebensgestaltende Mächte behaupten.«

Alfred Rosenberg, *Mythos des 20. Jahrhunderts.*

Von allem, was bisher über Adolf Hitler geschrieben wurde, lässt sich kaum eine genauere Charakteristik seiner Art und Wirksamkeit denken, als diese Formulierung des treuen Adlatus Rosenberg, die allerdings nicht auf den Führer des Dritten Reichs, sondern auf den katholischen Priester gemünzt ist. Einem Medizinmann hat sich wirklich eine kranke Wirtschaft anvertraut. Allzu menschliche Ängste und hysterische Anlagen hat er großgezüchtet, mit Index, Feuer und Schwert alles Denken unterbunden, das zu anderen Ergebnissen führen kann oder gar zur Befreiung von dem vom Medizinmann gelehrten Weltbild, nämlich dem Weltbild des Rassendogmas.

»Eine glückliche Bestimmung«, nennt Adolf Hitler es, dass ihm »das Schicksal zum Geburtsort gerade Braunau am Inn zuwies«. Und allerdings, dort lebt ein Menschenschlag, dessen Vorfahren sich nicht gerade nach den Gesetzen der Rassenauslese gepaart haben. So war noch der k. u. k. Zollinspektor Aloys Hitler, des Führers Vater, in erster Ehe mit einer Tschechin (geb. Malya) verheiratet gewesen, in zweiter Ehe mit einer Klara Pölzl (fälschlich in den Braunauer Kirchenmatrikeln als Adolfs Mutter eingetragen), in dritter mit Anna Schicklgruber, der wirklichen Mutter. Der Nationalitätenhass, der ein Symptom der wirtschaftlichen Kämpfe des alten Österreichs war, hat frühzeitig das Denken des jungen Adolf vergiftet. Wenn Hitler in seinen Jugenderinnerungen schreibt: »Das Erzhaus tschechisierte, wo immer nur möglich, und es war die Faust der Göttin ewigen Rechtes und unerbittlicher Vergeltung, die den tödlichsten Feind des österreichischen Deutschtums, Erzherzog Franz Ferdinand, gerade durch die Kugeln fallen ließ, die er selber mithalf zu gießen […]«, so meint er im Grunde Konflikte des Elternhauses: die erste tschechische Frau seines Vaters und seine eigene Mutter, die sein Vater nur geheiratet hatte, um als Beamter das uneheliche Kind zu legalisieren. Denn alle Konflikte seines Lebens – damals die Dumpfheit der kleinbürgerlichen Moral, später den Zusammenstoß mit seinen proletarischen Arbeitsgenossen – hat Hitler stets in Rassenhass umgedeutet. Wenn er sich in Wien verloren und unglücklich fühlt, so trägt die Schuld »die dämonische Erscheinung« zweier armer Kaftanjuden. Wenn Deutschland an den Folgen des unglücklichen Kriegs leidet, so ist schuld daran die »Vernegerung Frankreichs«. Der Medizinmann heilt mit Kurpfuschereien. Die Kirche hat von der ökonomischen Misere durch Verfolgung der Ketzer und Hexen abgelenkt, der Feudalismus durch Kriege, der Kapitalismus hier durch den Rassenwahn. Die Erkenntnisse der wirklichen Ursachen durch Afterwissenschaften zu vernebeln, das ist stets das Ziel aller Herrschenden gewesen. Und stets hat sich ein Besessener gefunden, ein Torquemada in Spanien, ein Gapon in Russland, ein Hitler in Deutschland, der vor der Entscheidung die Massen zurückriss und verwirrte.

Die Furcht vor der Entscheidung hat häufig solchen Ver-Führernaturen zum Aufstieg verholfen. Die Phrase ist eine Stärke Adolf Hitlers gewesen von den Anfängen bis zur Machtergreifung. Er war arm, als er nach Wien kam; ihm »drohte« das Proletarierlos; er aber wollte ein Kunstmaler werden. Sein Mangel an Begabung war groß; ebenso groß war sein Geldmangel. Er avancierte zum »Bildungsoffizier«, wie er selbst seine erste politische Betätigung genannt hat.

»Geschlagen verließ ich den Hansen'schen Prachtbau, zum ersten Mal uneins mit mir selber in meinem jungen Leben. Denn was ich über meine Fähigkeit gehört hatte, schien mir nun auf einmal wie ein greller Blitz einen Zwiespalt aufzudecken, unter dem ich schon längst gelitten hatte [...]. In wenigen Tagen wusste ich nun auch selber, dass ich einst Baumeister werden würde.«

Das heißt: Die Wiener Akademie der Künste hatte den jungen Provinzler wegen Talentlosigkeit abgewiesen. Es gibt ein Dokument, das Hitlers Leben und Tätigkeit in den Jahren von 1909 bis 1913 schildert. Sein Freund war zu jener Zeit der Radierer Reinhold Hanisch, der in einem notariell bestätigten Bericht vom 13. November 1933 (Notar Carl Haberda, Wien II) den jungen Hitler als einen Menschen schilderte, der sich eitel als »akademischer Maler« ausgab und sein Geld mit Bilderfälschungen verdiente. Reinhold Hanisch berichtet: »Er [Hitler] erzählte mir, er hätte oft bessere Preise für Bilder erzielt, indem er dieselben in einer Bratröhre vergilbte und die alten Aquarelle dann mit falscher Signatur bekannter Künstler versah [...]. Hitler hatte 1912 ein Aquarell fertig gestellt, übergab es mir mit der Bemerkung zum Verkauf, dass es wohl in einem besseren Geschäft der inneren Stadt abzusetzen sei [...]. Da er dringend Geld brauchte, sagte er mir, ich solle es für das erstbeste Angebot verkaufen. In der Porzellangasse verkaufte ich beim Rahmenhändler Reiner das Bild für zwölf Kronen«. Hanisch überwirft sich mit Hitler wegen dieser Bilderfälschungen.

Der junge Hitler erscheint in der Schilderung seines einstigen Freundes als ein Mensch, der, sobald er etwas mehr Geld besitzt, die Arbeit sofort stehen lässt und mit zahlreichen jüdischen Freunden im Caféhaus herumsitzt. Bei seinen Bilderfälschungen dienen ihm die Ansichtspostkarten des Wiener Verlags der Brüder Cohn als Vorlagen. Verachtung gegenüber den Proletariern und unbegrenzte Hochachtung für alle »Gebildeten« sind dem jungen entwurzelten Kleinbürger Hitler eigen.

»Am Bau fand mein erstes Zusammentreffen mit Sozialdemokraten statt. Es war schon von Anfang an nicht sehr erfreulich. Meine Kleidung war noch etwas in Ordnung, meine Sprache gepflegt und mein Wesen zurückhaltend.« Noch ist die Kleidung etwas in Ordnung, man kann noch sonntags für etwas Besseres gehalten werden, aber die Sprache ist gar nicht gepflegt. Es ist das grauenvolle Kauderwelsch des Halbgebildeten – bis auf den heutigen Tag.

»Mit unruhiger Beklommenheit sah ich in solchen Tagen des Grübelns und Hineinbohrens die Masse der nicht mehr zu ihrem Volke zu Rechnenden anschwellen zu einem bedrohlichen Heere.« So spricht der zukünftige Massenführer. Ihn hat die hysterische Angst vor der Masse bis heute nicht verlassen. Hätte man nichts als sein unfreiwilliges Geständnis *Mein[!] Kampf*, es würde genügen, diesen Mann zu erkennen. »Dazu kommt noch bei vielen die widerliche Erinnerung an das kulturelle Elend dieser unteren Klassen.«

»Mit welch anderen Gefühlen starrte ich nun in die endlosen Viererreihen einer eines Tages stattfindenden Demonstration Wiener Arbeiter [...]. In banger Gedrücktheit verließ ich endlich den Platz.« Das sagt der Diktator, der nach Machtantritt dem Arbeiter den ersten Mai raubt und pathetisch gegen »das Vorurteil, dass Handarbeit schänden könne,« protestiert. Der zu Otto Strasser verächtlich höhnt: »Sehen Sie, die große Masse der Arbeiter will nichts anderes als Brot und Spiele, die haben kein Verständnis für irgendwelche Ideale«. Der aber zur erzwungenen Volksabstimmung sich im schlichten Kittel als Arbeiter kostümiert. Gegner haben ihn als »Anstreicher« verächtlich gemacht. Es hätte sein Ehrentitel sein können. Er zog es vor, ein talentloser »Aquarellist« zu sein. Bildung, Kultur, das sind ihm nur Mittel, zum einzigen Zweck, nicht als Proletarier zu gelten. »In dieser Zeit bildete ich mir ein Weltbild und eine Weltanschauung, die zum granitenen Fundament meines derzeitigen Handelns wurden. Ich habe zu dem, was ich mir so schuf, nur weniges hinzulernen müssen; zu ändern brauchte ich nichts.« Gar nichts, noch immer spricht er das gleiche abgedroschene Deutsch. »Ich las damals unendlich viel und zwar gründlich.« »Auch hier las und lernte ich viel.« Aber was las er eigentlich? Nichts erwähnt er davon, nur einmal deutet er an, dass er für seine letzten Heller alle ihm erreichbare antisemitische Literatur aufkauft. Kein Zitat beweist, dass er je Marx gelesen habe, dem sein »Lebenshass« gilt. Auch nicht aus seinem apodiktischen Urteil: »So wenig eine Hyäne vom Aase lässt, so wenig ein Marxist vom Vaterlandsverrat«, geht solche Kenntnis hervor. Später lässt er sich neben der Nietzsche-Büste fotografieren, lauscht andächtig den Bayreuther Festspielen, sagt in einer Rede vor Studenten: »Mir ist ein einziger deutscher Militärmarsch lieber als der ganze Unrat eines modernen Neutöners«, und wird in Deutschland gefeiert als der größte »Künstler dieser Zeit«. »So war mir im Alter von 17 Jahren das Wort Marxismus noch wenig bekannt, während mir Sozialdemokratie und Sozialismus als identische Begriffe erschienen. Es bedurfte auch hier erst der Faust des Schicksals, um mir das Auge über diesen unerhörtesten Völkerbetrug zu öffnen.« Ihm hat die Faust des Schicksals das Auge geöffnet; und deutsche Wissenschaftler bescheinigten, dass »er als Denker von eigentümlicher Schärfe und Klarheit zu den großen deutschen Staatsphilosophen gehört«. In den wenigen Stunden, die nach Waffenübung und Judenhetze zum Studium bleibt, bildet sich der deutsche Akademiker an Hitlers Bibel *Mein Kampf*.

Das ist Hitlers deutsche Kultur: der patriotische Öldruck als Wertmesser der Kunst und das antisemitische Groschenheft als Grundstock der Bildung. Wer ist denn ihr Retter? Kein »Zimmermann«, sondern natürlich ein Baumeister, der ihnen die Fassade neu ankleistert. Wie hat er denn begonnen? Hört ihn selbst: »Wenige Tage nach der Befreiung Münchens wurde ich zur Untersuchungskommission über die Revolutionsvorgänge beim 2. Infanterieregiment kommandiert.« Wollt ihr es noch deutlicher? »Eines Tages erhielt ich von der mir vorgesetzten Dienststelle den Befehl nachzusehen, was es für eine Bewandtnis mit einem anscheinend politischen Verein habe, der unter dem Namen ›Deutsche Arbeiterpartei‹ in den nächsten Tagen eine Versammlung abzuhalten beabsichtige und in der ebenfalls Gottfried Feder sprechen solle; ich müsse hingehen und mir den Verband einmal ansehen und dann Bericht abstatten.« Adolf Hitler war damals ein schlichter Soldat und seine Aufgabe war, »hinzugehen und Bericht abzustatten«, was es mit einem »Arbeiterverein« für eine Bewandtnis habe. Seine erste Versammlungsrede war »Brest-Litowsk« – die vorgesetzte Dienststelle hatte ihm dafür das Material geliefert. Das Militär lieferte noch mehr: Geld und Waffen. Zwei Reichswehroffiziere, Röhm und von Epp, beide dienstlich beauftragt, einen illegalen Militärapparat zu organisieren, versorgten den »Bildungsoffizier« Hitler. Der diente nur als Spitzel in Arbeiterversammlungen. Indes Röhm und Epp an jener Einwohnerwehr arbeiteten, die durch Fememorde die Waffen den nationalen Verbänden erhielten. Die neue Regierung Kahr, die die sozialdemokratische gestürzt hatte, mit dem Polizeipräsidenten Pöhner und dem Leiter der politischen Abteilung Frick blieben die Helfershelfer bis zum großen Hitlerputsch. In der entscheidenden Stunde, als Adolf Hitler mit einem Revolverschuss an die Decke des Münchener Bürgerbräus voreilig das Dritte Reich verkünden wollte, forderte Kahr von dem Rebellen ein Bekenntnis zur Monarchie. Mit gefalteten Händen rief Adolf Hitler: »Jawohl, Exzellenz, gerade an dem Königtum, das in so schamloser Weise dem Novemberverbrechen von 1918 zum Opfer gefallen ist, gilt es, ein schweres Unrecht wiedergutzumachen. Wenn Exzellenz gestatten, werde ich selbst unmittelbar von der Versammlung zu seiner Majestät [dem Prinzen Rupprecht] fahren und ihm mitteilen, dass durch die deutsche Erhebung das Unrecht, das seiner Majestät Hochseligem Vater widerfahren ist, wiedergutgemacht wird« (Aussage Pöhners im Hitlerprozess).

Das ist die ganze Seligkeit des rebellierenden Provinzlers. Freilich auf der Festung, als er seine Memoiren schreibt, bemerkt er voll Grimm: »Diese Devotheit jedoch war ein Fehler unserer ganzen Erziehung, der sich nun an dieser Stelle in besonders entsetzlicher Weise rächte. Denn ihr zufolge konnten sich diese jammervollen Erscheinungen an allen Höfen halten und die Grundlagen der Monarchie allmählich aushöhlen«. Doch er verzeiht rasch. Beim Volksentscheid, Jahre darauf, ist er schon wieder für die Abfindung der so geschmähten Fürsten. Als Hindenburg den Youngplan unterschrieb, sich »für die Youngkolonie entschied«, nahmen Hitler und das erwachende Deutschland »Abschied vom Reichspräsidenten«. Und Strasser durfte im Namen der Partei im Reichstag erklären: »Wir werden von dem Staatsgericht des kommenden Reichs der Deutschen die Köpfe derjenigen fordern, die die Younggesetze unterzeichnen«. Und wieder zwei Jahre später, nun schon von der Gegenresidenz im Luxushotel Kaiserhof aus, erbittet Adolf Hitler bei den Verhandlungen wegen der

Machtübernahme devot von demselben Reichspräsidenten, er möge ihm die Straße für eine kleine Bartholomäusnacht freigeben. Denn für alle Situationen hat der Führer zwei Haltungen: unterwürfig betteln oder dreinschlagen mit der Reitpeitsche, die sein Attribut ist. Einen solchen Mann, das hat er im Voraus gewusst, holt man sich in der Stunde der Gefahr, nämlich, als die Vergeudung von einem Volksvermögen im Osthilfeskandal dem Volke »mit der Faust« das Auge zu öffnen droht und hinter den Regierungskreisen immer drohender der Schatten des Generalstreiks der deutschen Arbeiterschaft sich erhebt. Hitler hat sich die Diktatur nicht erobert, er hat sie sich durch einen unterirdischen Verbindungsgang erschlichen.

*

»Herr Minister, ich geb ihnen mein Ehrenwort, ich werde niemals im Leben einen Putsch machen!« Ein Viertel Jahr vor dem Münchener Putsch. Dafür kommt der Mann, dem er dies Ehrenwort brach, der ehemalige Innenminister Dr. Schweyer, im Dritten Reich ins Gefängnis. Vor dem Reichsgericht beschwört Hitler, seine SA seien keine militärischen Verbände – SA, eine harmlose Abkürzung für »Sport-Abteilung«. Im April 1932, durch Notverordnung, verbietet Hindenburg »sämtliche militärähnlichen Organisationen der NSDAP, insbesondere die Sturmabteilungen und Schutzstaffeln«. Im Juni darauf sind die militärähnlichen Organisationen wieder erlaubt. Und ein SA-Befehl der Gruppe Mittelfranken sagt es eindeutig: »Kameraden! Von heute ab sind wir Soldaten des Dritten Reichs!«

Fort mit den Warenhäusern, Konsumvereinen, Einheitspreisläden: Das ist durch ein Jahrzehnt sein Lockruf für den Mittelstand, damit fängt er die Millionen Ausgepowerter. Im Juli nach Machtantritt lässt er durch Dr. Hess verbieten, bis auf Weiteres irgendwelche Aktionen gegen Warenhäuser und Warenhaus-ähnliche Betriebe zu unternehmen. Was ist das »Herzstück« der Partei, die »stählerne Achse, um die sich alles dreht«? Die »Brechung der Zinsknechtschaft«! Die Zinsknechtschaft bleibt weiter ungebrochen. »Befreiung vom Großkapital«! Die sich darin ausdrückt, dass alle in der Wirtschaft tätigen Nazikommissare ihr Amt im Juli niederlegen müssen und durch den Generalrat der Wirtschaft aus Großindustriellen ersetzt werden. Die freilich sind misstrauischer gegen Hitlers Ehrenwörter. Und üben die Kontrolle über die preußische Verwaltung durch den von ihnen als allmächtigen Staatssekretär ins preußische Innenministerium abkommandierten Syndikus der rheinisch-westfälischen Eisenindustrie, Grauert, und den als Diktator ins Polizeiamt der preußischen Regierung gesetzten Chef der Werkpolizei der Berliner Metall-Industrie, Fischer. Allerdings: Wirtschaft ist für Hitler marxistischer Unfug. Im *Kampf* spricht er noch von dem »Unsinn«, den einer der führenden Köpfe der deutschen Industrie verzapft habe, »dass die Wirtschaft als solche allein in der Lage wäre, Deutschland wieder aufzurichten«. Das hatte nämlich Stinnes gesagt, dessen Mitarbeiter Vögler nun in den Generalrat der Wirtschaft einging. Die Großindustrie hat ihre Rechnung dem Dritten Reich präsentiert, und die beläuft sich auf ungezählte Millionen. Von den Thyssen, Krupp, Lahusen hat die Bewegung die »national und sozial« als identische Begriffe bezeichnete, seit jeher Millionen geschluckt, Millionen vom ostpreußischen Großgrundbesitz. Auch viel anrüchigere Unternehmen zahlten: z. B. die Direktion der Woolworthbetriebe, also ein Warenhaus.

In der Schrift »Hitler und Kahr« (Untersuchungsausschuss des bayerischen Landtages) findet sich folgende Angabe:

In einem Beleidigungsprozess Hitler gegen Pittinger (Februar 1925) hat Kapitänleutnant Wenig in München unter Eid ausgesagt, dass er im Oktober 1923 als Dolmetscher einer Unterhaltung des englischen Politikers Morel mit Kahr beiwohnte.

Morel sagte wörtlich zu Kahr: »Ich möchte Ihnen mitteilen, dass meine in hohen Stellen befindlichen Pariser Freunde, darunter ein

Mitglied des französischen Kabinetts, mir aufs Bestimmteste erklärt haben, dass ein großer Teil des Geldes, das Hitler erhält, aus französischen Quellen stammt. Das Geld geht durch acht bis neun Stellen über das besetzte Gebiet.« (S. 102)

Aber auch Deterding, der sich durch den später ermordeten Dr. Bell im Braunen Hause vertreten ließ, und Ivar Kreuger gehörten zum Spenderkreis des deutschen Volksführers.

Natürlich kamen die bedeutendsten Zuwendungen von der deutschen Schwerindustrie:

»Ein Teil der in Gruppe Nordwest zusammengefassten Unternehmer hat die Nationalsozialisten finanziert, jener Teil, der hofft, über Hitler und einer Inflation seine Schulden loszuwerden.«
Und diese Angabe verdanken wir demselben Herrn Krupp von Bohlen und Halbach, der in einem sympathisch offenherzigen Telegramm Adolf Hitler für den Austritt Deutschlands aus dem Völkerbund gedankt hat.

*

In Feders »Programm der NSDAP« werden die »25 Punkte«, die am 22. Mai 1926 als »unabänderlich« erklärt wurden, folgendermaßen kommentiert:

»Alle, die deutschen Blutes sind, ob sie heute unter dänischer, polnischer, tschechischer, italienischer oder französischer Oberhoheit leben, sollen in einem deutschen Reich vereinigt sein [...]. Wir verzichten auf keinen Deutschen in Sudetendeutschland, in Elsass-Lothringen, in Polen, in der Völkerbundskolonie Österreich und in den Nachfolgestaaten des alten Österreichs« (Seite 42).

Das hindert Hitler nicht, Ende 1933 als Reichskanzler in einer Rede an Frankreich zu erzählen: Nur noch die Frage des Saargebietes sei eine strittige Frage. Seine eigenen, jahrelangen Versprechungen an Millionen Anhänger auf eine nationale Befreiung von Elsass-Lothringen, des Polnischen Korridors, Oberschlesiens, Eupen-Malmedis und Südtirols lässt er wie glitzernde Seifenblasen platzen. Er lässt seinen Stellvertreter Hess erklären: »In einigen Teilen des Auslandes hat sich durch die gegen Deutschland gerichtete Propaganda neuerdings die unwahre Behauptung bemächtigt, die NSDAP erstrebe die Einverleibung von Teilen der Schweiz, Hollands, Belgiens, Dänemarks usw. an. So unsinnig diese Unterstellung ist, so findet sie doch hier und da Glauben.« Rudolf Hess vermeidet allerdings, Frankreich und Polen unter den Ländern zu nennen, an deren Gebieten Deutschland nicht interessiert sei.

Nationale Freiheitspropaganda war gut auf dem Wege zur Macht. Nun ist »Realpolitik« das Gebot der Stunde, und es wird nicht nur das deutsche Südtirol der Freundschaft mit Mussolini geopfert, sondern Hitlers Mund verzichtet feierlich auf alle durch den Versailler Vertrag abgetrennten deutschen Gebiete. Hitlers Regierung betreibt viel offener jene Politik, die bei ihren Vorgängerinnen die Hitler-Partei mit lauter Stimme als »Nationalen Verrat« anprangerte.

Vor dem Mikro verkündet er am 14. Oktober 33 der Welt:

»Wenn der französische Ministerpräsident Daladier aber fragt, warum denn die deutsche Jugend marschiert und in Reih und Glied auftritt, dann lautet die Antwort: nicht um gegen Frankreich zu demonstrieren, sondern um jene politische Willensbildung zu demonstrieren, die zur Niederwerfung des Kommunismus notwendig war.«

Aber die gleiche deutsche Jugend lernt gleichzeitig aus Hitlers Bibel *Mein Kampf* (Ausgabe 1933): »Erst wenn dies in Deutschland vollständig begriffen sein wird, sodass man den Lebenswillen der deutschen Nation nicht mehr in bloßer passiver Abwehr verkümmern lässt, sondern zu einer endgültigen aktiven Auseinandersetzung mit Frankreich sich zusammenrafft und in einen letzten Entscheidungskampf mit deutscherseits größten Zielen hineinwirft: Erst dann wird man imstande sein, das ewige und an sich so unfruchtbare Ringen

WILHELM UND SEINE GENERÄLE

»Ich freue mich, Ihnen als meine innerste Überzeugung aussprechen zu können, dass der europäische Frieden nicht gefährdet ist. Er beruht auf zu festen Grundlagen, als dass sie durch Ketzerei und Verleumdung, von Neid und Missgunst eingegeben, so leicht umgestürzt werden können. Eine feste Bürgschaft bietet uns in erster Linie das Gewissen der Fürsten und Staatsmänner Europas, die sich Gott gegenüber verantwortlich fühlen.«

Wilhelm II., Juli 1914.

DIE GENERÄLE UND IHR HITLER

»Ich habe der Welt öfter als einmal feierlich versichert, dass wir aufrichtig die Verständigung wünschen, dass wir aufrichtig mit den anderen Völkern zusammengehen wollen. An dieser Versicherung wird sich nie etwas ändern, denn ich halte jeden Krieg in Europa für einen Wahnsinn […]. Welchen Beweis für meine Friedensliebe soll ich denn noch geben?«

Adolf Hitler am 6. November 1933 in einer Wahlrede in Hannover.

zwischen Deutschland und Frankreich zum Abschluss zu bringen; allerdings unter der Bedingung, dass Deutschland in der Vernichtung Frankreichs nur ein Mittel sieht, um danach unserem Volk endlich an anderer Stelle die mögliche Ausdehnung zu geben.«

Vor dem Mikro darf der Führer verkünden:

»Die deutsche Regierung nimmt an diesen Konferenzen nicht teil, um für das deutsche Volk einzelne Kanonen oder Maschinengewehre herauszuhandeln, sondern um als gleichberechtigter Faktor an der allgemeinen Weltbefriedung mitzuwirken.«

Und die »Befriedung« des deutschen Volkes, das von Kindesbeinen an im Wehrdienst gedrillt wird, bekommt durch Hitlers *Mein Kampf* die Linie:

»Dieses an sich immer mehr der Vernegerung anheimfallende [französische] Volk bedeutet in seiner Bindung an die Ziele der jüdischen Weltbeherrschung eine lauernde Gefahr für den Bestand der weißen Rasse Europas. Denn die Verpestung durch Negerblut am Rhein im Herzen Europas entspricht ebenso sehr der sadistisch-perversen Rachsucht dieses chauvinistischen Erbfeindes unseres Volkes wie der eisigkalten Überlegung der Juden, auf diesem Wege die Bastardierung des europäischen Kontinents im Mittelpunkte zu beginnen [...]. Was Frankreich, angespornt durch eigene Rachsucht, planmäßig geführt durch den Juden, heute in Europa betreibt, ist eine Sünde wider den Bestand der weißen Menschheit und wird auf dieses Volk dereinst alle Rachegeister eines Geschlechtes hetzen, das in der Rassenschande die Erbsünde der Menschheit erkannt hat.

Für Deutschland jedoch bedeutet die französische Gefahr die Verpflichtung, unter Zurückstellung aller Gefühlsmomente, dem die Hand zu reichen, der, ebenso bedroht wie wir, Frankreichs Herrschgelüste nicht erdulden und ertragen will.«

Dem »vernegerten und bastardierten Frankreich« folgt der Ruf gegen Russland. Das Schicksal »raubte ihm, indem es Russland dem

Bolschewismus überantwortete, jene Intelligenz, die bisher dessen staatlichen Bestand herbeiführte und garantierte«. Über die Wiedergewinnung verlorener Gebiete wird gesagt, dass »sie nicht durch feierliches Anrufen des lieben Herrgottes erfolgt[e] oder durch fromme Hoffnungen auf einen Völkerbund, sondern durch Waffengewalt«.

Was unter diesen »Grenzregulierungen« verstanden wird, verkündet Adolf Hitler groß als politisches Testament:

»Seht in jeglichem Versuch, an den deutschen Grenzen eine zweite Militärmacht zu organisieren, und sei es auch nur in der Bildung eines zur Militärmacht fähigen Staates, einen Angriff gegen Deutschland und erblickt darin nicht nur das Recht, sondern die Pflicht, mit allen Mitteln, bis zur Anwendung von Waffengewalt, die Entstehung eines solchen Staates zu verhindern beziehungsweise einen solchen, wenn er schon entstanden, wieder zu zerschlagen.«

Frankreich ist »der Todfeind unseres Volkes«, der »uns unerbittlich würgt und die Kraft raubt«. Hitler hält friedfertige Reden am Mikrofon, aber inzwischen gilt seine Direktive: »Das Schwert zu schmieden, ist die Aufgabe der innerpolitischen Leitung eines Volkes«. Und wenn Betriebe und Fabriken fast aller Branchen feiern, kann Kanonenkönig Krupp stolz melden, dass er für Arbeitsbeschaffung fast 10 Millionen Mark zur Verfügung stellen kann.

*

Nun ist bald das Jahr herum, seit Adolf Hitler die Herrschaft des Deutschen Reichs angetreten hat. Freilich nicht durch einen Marsch auf Berlin, sondern nach friedlichem Schacher von der Front eines komfortablen Hotelappartements aus.

»Vierundzwanzig Stunden nach unserer Machtergreifung sind die Papen'schen Notverordnungen aufgehoben. Millionen Schaufeln und Spaten setzen sich sofort in Bewegung, die Arbeitslosigkeit hört in Kurzem auf.«

So verhieß Hitlers Prophet in Hitlers Namen, Herr Dr. Göbbels, 1932. Aber Papen blieb Deutschland erhalten; und noch hat sich keine Million Spaten in Bewegung gesetzt. Kein bereits »vergesellschafteter« (Trust) Betrieb ist verstaatlicht worden. Im Gegenteil, der Führer der deutschen Arbeitsfront, Dr. Ley, ließ im Juni 1933 verlautbaren, man müsse »dem natürlichen Führer eines Betriebes, d. h. dem Unternehmer, die volle Führung wieder in die Hand geben«.

Abdrosselung des Proletariats – Vernichtung des Judentums – Zerstörung der wirklichen Kulturwerte: Das ist bisher das Ergebnis, das der Heiland aus Braunau gezeitigt hat. Aber ungebrochen blieb Zinsknechtschaft und Trustherrschaft, ungeschmälert der Großgrundbesitz, ungesühnt der Osthilfeskandal, verschlimmert noch durch die neuerliche Schenkung aus preußischem Staatseigentum der Domäne Langenau an den Herrn von Hindenburg.

»Das Programm liegt fest«, so lehrte Hitler, »und niemals dulde ich, dass an den programmatischen Grundlagen der Gesamtbewegung gerüttelt wird.«

Niemals!

Aber doch schon im Juli 1933, am Beginn des zehntausendjährigen Dritten Reichs, rüttelte der Führer:

»Es kommt jetzt nicht auf Programme und Ideen an!«

Es ist ihm niemals darauf angekommen. Denn der Medizinmann kann selbstständiges Denken ebenso wenig brauchen wie ehrbewusstes Handeln. Das hat Hitlers Hypnotiseur Rosenberg gesagt.

Das Großkapital hat Deutschland einem Medizinmann in Behandlung gegeben.

ERNST RÖHM

Aktiver Offizier der bolivianischen Armee, zurzeit als deutscher Reichsminister tätig. Herr über 2 ½ Millionen SA.

ERNST RÖHM

»Europa, die ganze Welt mag in Flammen versinken; was kümmert es uns? Deutschland muss leben und frei sein.«

Ernst Fiölibl in seiner Autobiografie *Die Geschichte eines Hochverräters*, Seite 366, Verlag Franz Eher Nachf., München.

Die Geschichte der militärischen Geheimorganisationen im Nachkriegsdeutschland ist eng verknüpft mit der Geschichte der deutschen Reichswehr. Die Bayerische Einwohnerwehr z. B., die aus den privaten Organisationen Escherich (Orgesch) und Kanzler (Orka) entstanden war, trug ursprünglich ebenfalls privaten Charakter. Sie wurde aber 1919 durch einen Ministererlass und durch staatliche Zuschüsse sanktioniert und wuchs nach dem Kapp-Putsch, der allein in Bayern erfolgreich war, zu einer bedeutenden Eigenmacht. An ihrer Bildung war Hauptmann Ernst Röhm von der Reichswehr führend beteiligt. Er gehörte als eines der ersten Mitglieder der Drexler'schen »Nationalsozialistischen Arbeiterpartei« an. Neben der Einwohnerwehr bestanden eine Reihe ebenso halboffizieller, von der Regierung Kahr unterstützter Freikorps und Zeitfreiwilligenverbände; alle zusammen beteiligten sich an der berüchtigten »Strafexpedition« gegen die Ruhrarbeiter, die mit bewaffneter Hand den reaktionären Kapp-Putsch niedergeworfen hatten. Führer dieser Expedition war Epp, Mitkämpfer war der Hauptmann Röhm.

Nach Auflösung der Einwohnerwehr, auf den Druck der Entente-Mächte, entwickelten sich aus ihren Überresten all die anderen Wehrverbände, die sich Neudeutscher Bund, Wiking-Bund, Bayerische Holzverwertungsgesellschaft, O. C. (Organisation Consul) nannten. Das Milieu dieser Organisationen war ein Sumpf, in dem Fememorde, erbitterte Rivalität zwischen einzelnen »Führern«, Käuflichkeit und Spionage als giftige Pflanzen gediehen. Hauptmann Röhm, dessen »Beobachter« Hitler beim Reichswehrkommando gewesen war, schloss die in eine SA umgewandelte Ordnergruppe Hitlers, die brutal alle Zwischenrufe der Versammlungen »durch kalte Abreibungen« mundtot machte, mit der O. C. zusammen – mit jener O. C., die die Morde an Liebknecht, Rosa Luxemburg, Erzberger und Rathenau, die Attentate auf Harden und Scheidemann auf ihr Konto buchen konnte.

Mit dieser privaten Armee versuchte Röhm, zusammen mit dem Führer der 7. Division, General von Epp, dem Protektor aller Geheimverbände, 1922 den Sturz der Reichsregierung vorzubereiten. Ein Bund »Bayern und Reich« kreuzte mit dem gleichen Ziel den Kriegspfad – und der ganze Plan war ins Wasser gefallen. Hitler raste: »Wenn wir die Stunde heute nicht ergreifen, ein zweites Mal kommt sie nicht wieder«. Sie kam sehr rasch. Ein Jahr später.

Als die Regierung Kahr in den bewegten Inflationsmonaten des Jahres 1923 ihr Versammlungsverbot auch gegen die Nationalsozialisten verhängt hatte, griff die Reichswehr wieder ein: Röhm und Epp erreichten bei Kahr die Aufhebung des Verbotes im Interesse der »nationalen Sache«. Hitler bekam aber zu spüren, dass er doch nur ein Instrument in den Händen der Reichswehr und keineswegs der Führer war. Bei der ersten Aktion, die er eigenmächtig unternahm – am 1. Mai 1923, als er seine Anhänger bewaffnet in Oberwiesenfeld bei München gegen die Maidemonstrationen der Münchener Arbeiter aufmarschieren ließ –, mussten er und seine Freunde sich vom Militär entwaffnen lassen. Hitler fand inzwischen den ersehnten Eingang in die Münchener Gesellschaft, lebte selbst so verschwenderisch, dass in seinen eigenen Reihen Empörung entstand. Da verließ Röhm die Reichswehr, rief Hitler zum Führer der Kampfverbände der Partei aus und bereitete mit ihm gemeinsam den Putsch des 9. November 1923 in München vor. Röhm wurde gefangen genommen. Er konnte jedoch nach dem Misslingen des Putsches, während Hitler in Landsberg auf der Festung einsaß, eine neue SA aufbauen.

Aber Hitler zeigte sich für diesen Dienst keineswegs dankbar. Röhm hatte die neue Truppe, unbekümmert um das Strafgesetz, auf Ludendorff und die Unterführer »bis in den Tod getreu« vereidigt. Hitler geriet in den Verdacht der Mittäterschaft – seine Entlassung aus der komfortablen Festungshaft in Landsberg wurde dadurch etwas verzögert. Es kam zu einer wütenden Auseinandersetzung zwischen ihm, Röhm und Ludendorff. Der Streit tobte durch Monate. Er endete 1924 damit, dass Röhm, der sich jede Einmischung in seine Machtbefugnisse, zumal von Gregor Strassers Seite aus, verbeten hatte, völlig beiseitegeschoben wurde. Strasser und Röhm wurden Todfeinde.

Der Verlust war zwar schmerzlich für Hitler, aber schließlich stand hinter Röhm nichts mehr, weder Geld noch die kostbare Reichswehr. Sang- und klanglos wurde Röhm fallen gelassen und verschwand. Was er bis 1927 trieb, ist unklar. Von der Reichswehr erhielt er noch weiter einen Unterhaltsbeitrag. Es heißt, er habe in dieser Zeit »von Beschäftigungen sein Leben gefristet, bei deren Nennung jeder anständige Mensch schamrot werden muss«. Da dies seine eigene Angabe ist, in seinen Memoiren *Das Leben eines Hochverräters*, wird es wohl stimmen. In der ersten Auflage seiner Autobiografie schrieb Röhm über seinen Konflikt mit Hitler:

»Ich weiß, dass viele Menschen Mahner und Warner nicht ertragen können. Mit Hitler verband mich aufrichtige Freundschaft; gerade weil ich sah, dass sich Schmeichler an ihn drängten, die ihn bedingungslos anbeteten und kein Wort des Widerspruchs wagten, hielt ich mich für verpflichtet, als getreuer Kamerad zum Freunde offen zu reden.«

Sich selbst charakterisiert Ernst Röhm in seinen Erinnerungen als eine typische entwurzelte Landsknechtsnatur: »Da ich ein unreifer und schlechter Mensch bin, sagt mir der Krieg und die Unruhe eben mehr zu als die brave bürgerliche Ordnung« (Seite 363). 1927 ging Röhm nach Bolivien und trat als Oberstleutnant in die dortige Armee ein. Er war sehr betrübt, dass kurz nach seiner Ankunft »in Bolivien der Frieden wieder ausbrach«. Röhm sagt von sich: »Ich bin noch aktiver Offizier des bolivianischen Heeres, kann jedoch nach eigenem Ermessen in Deutschland verbleiben«. Der Stabschef der SA, Ernst Röhm, trägt sogar an Kragen und Rockaufschlag einen Stern, von einem Kranz umgeben: das Rangabzeichen der bolivianischen Armee. Die »Soldaten des Dritten Reichs« werden also von einem aktiven Oberstleutnant eines südamerikanischen Staates kommandiert!

Aus politischen Gründen muss noch eine Sonderneigung des internationalen Landsknechts Röhm erwogen werden. Man entsinne sich des Falles Eulenburg. Als Maximilian Harden diese Affäre aufdeckte, handelte er nicht aus sittlicher Entrüstung, sondern aus der politischen Notwendigkeit, eine Staatskamarilla zu treffen, die auf homosexuellen Beziehungen aufgebaut war. Sehr ähnlich geartet waren die Bindungen jenes Kreises der ehemaligen Frontbannführer, die sich um den in Gnaden wieder aufgenommenen Röhm scharten, dem Hitler nach der Stennes-Revolte im Jahre 1931 die Führung der SA wieder anvertraute. Strasser, der Reichsorganisationsleiter, und eine ganze führende Gruppe der NSDAP protestierten vergeblich gegen diese Ernennung; Hitler deckte sie mit aller Macht. Die »Liebesbriefe« Röhms an verschiedene seiner Getreuen wirbelten großen Staub auf, als sie in die Öffentlichkeit lanciert wurden. Die Auflehnung in der

Partei war so groß geworden, dass Röhms besonderer Feind, Major Buch, Vorsitzender des Reichs-Uschla (des Parteigerichtes), die gewaltsame Beseitigung Röhms plante. Und Röhm floh mit seinem Sekretär, Dr. Bell, und seinem Adjutanten, Graf du Moulin-Eckardt, nach Berlin – bis in die Räume des sozialdemokratischen »Vorwärts«. Mit sicherem Instinkt fand der Führer der SA die Freistatt, wo er vor den Seinen geschützt wurde.

Röhm hatte seit 1931 die SA militärisch so großzügig durchorganisiert, dass er die Reichswehr wieder dafür interessieren konnte. Er hat sein politisches Glaubensbekenntnis in seinen Memoiren niedergelegt: »Ich verlange, um es kurz zu sagen, das Primat des Soldaten vor dem Politiker. Insbesondere fordere ich dies für den enger gezogenen Rahmen der nationalistischen Bewegung. In einem Machtstaat muss der Soldat die erste Stelle einnehmen.« So trieb es Röhm immer wieder zur Reichswehr, deren Kamarilla er die SA als Ersatzformation für die Armee besonders in jener Zeit anbot, wo die nationalsozialistische Bewegung in die Bahn rückläufiger Entwicklung eingetreten schien. Strassers Sturz im Dezember 1932 erledigte einen Teil der Widerstände gegen Röhm. Für diesen wichtigsten Militärchef der Nationalsozialisten setzte sich Hitler jetzt mehrfach ein – er hatte ihn schon einmal gegen Hindenburg gehalten, der sich über Röhms Veranlagung, die durch die Veröffentlichung seiner Privatkorrespondenz publik geworden war, offen entrüstet hatte.

Es gab auch, nachdem Hitler aus der Hand Hindenburgs die Macht erhalten hatte, noch starke Widerstände gegen Röhm in den Kreisen der nationalsozialistischen Führer. Immer stärker entfaltete sich der Gegensatz zwischen Röhm und Göring. Als zwei Repräsentanten der nationalsozialistischen Aufrüstungspolitik: hier Röhm, Oberbefehlshaber aller Organisationen, der SA, der SS und des Stahlhelms, der »Braunen Soldaten Adolf Hitlers«, zugleich ein enger persönlicher Vertrauensmann von Hitler; dort Göring, Oberkommandeur der gesamten preußischen Polizeiformationen, Leiter der Luftaufrüstung, eng verbunden mit entscheidenden Teilen des deutschen Trustkapitals, ein Epigone der Vorstellungswelt des alten wilhelminischen Offizierslebens, ein Hauptmann, der sich selbst zum General befördert, ein Mann, der auf das Ableben Hindenburgs wartet, um selbst als Reichskanzler an Hitlers Stelle zu treten und seinen »Führer« auf den mehr repräsentativen Präsidentenposten abzuschieben.

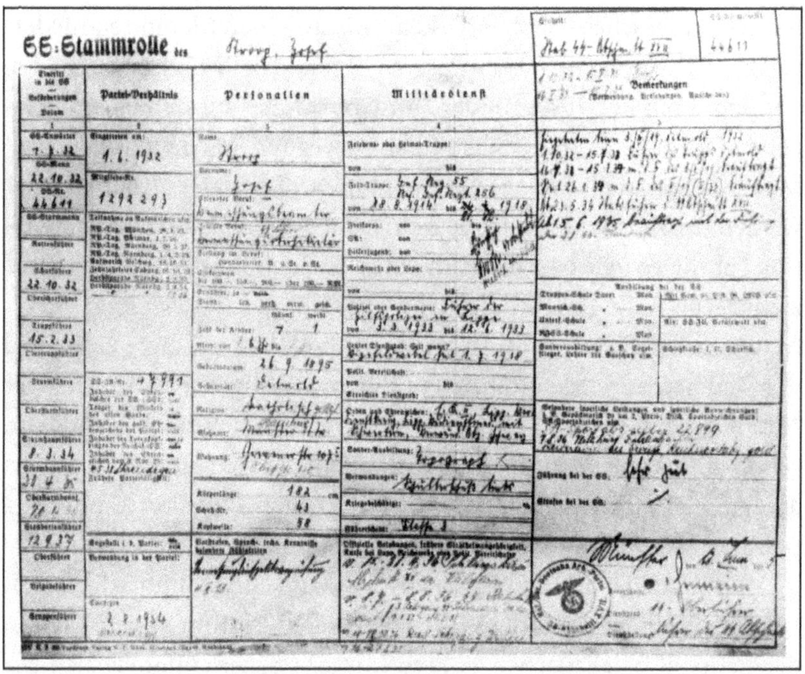
SS-Stammrolle des

Partei-Verhältnis | Personalien | Militärdienst | Bemerkungen

»Die SA ist keine militärische Organisation.«

Hitler bei der Eröffnung des Reichstags.

Die Stammrolle ist die Voraussetzung des Mobilmachungsplanes. Anhand der Stammrolle sind die betreffenden Wehrkreiskommandos in der Lage, die Diensteinteilung eines jeden Mannes für den Fall der Mobilisierung zu bestimmen.

Göring verbot den Polizeibeamten strikt, der SA, der SS, oder dem Stahlhelm anzugehören. Röhm tobte am 6. August gegen Göring vor der versammelten Berliner SA auf dem Tempelhofer Feld: »Wer meint, die Aufgabe der SA sei erfüllt, muss sich damit abfinden, dass wir da sind und dableiben werden!« Röhm verbindet immer wieder die Erklärung Hitlers, die SA sei der Garant für die Nationale Revolution, mit der Propaganda seiner eigenen Auffassung, dass »in einem Machtstaat der Soldat die erste Stellung einnehmen« muss. Im November 1933 wurde Röhm gemeinsam mit Hess von Hitler zum Minister ernannt. Göring antwortete auf diese formale Machtstärkung der engsten Vertrauensleute Hitlers damit, dass er in derselben Nacht sich selbst zum Chef der gesamten Geheimen Staatspolizei Preußens ausrief.

Während Hitler in tönenden Rundfunkreden der Welt seinen Willen zum »Frieden« zu offenbaren glaubt, zeigt Röhm in seinen Memoiren nicht weniger offen als der »verbotene« Banse und Hitlers *Mein Kampf* aus dem Jahre 1929 die wahre Politik des deutschen Nationalsozialismus. Röhm, dem Hemmungslosigkeit, Brutalität und »die Unruhe« des Landsknechts eigen sind, redet offen drauflos:

»Der Krieg weckt und fördert die besten Kräfte der Nation. Im Zuge der Zeit ist er eine innere und äußere Notwendigkeit für ein Volk, das in dieser Welt bestehen und sich durchsetzen will. Für den Soldaten ist er Jungbrunnen, Hoffnung und Erfüllung zugleich.«

Dies ist zu lesen in der neuen Auflage der Autobiografie Ernst Röhms, erschienen im Herbst 1933. Es verkündet der Welt, welchen Zielen jener Mann zustrebt, der im »Almanach der nationalsozialistischen Revolution« seine Truppen ausdrücklich als »Braune Soldaten Adolf Hitlers« bezeichnet.

GÖRING

als Zivilist verkleidet.

HERMANN GÖRING

Ministerpräsident Göring im höchsten Maße erregt: »Ich bin nicht hier, um mir von Ihnen Vorwürfe machen zu lassen, Sie Gauner. Für mich sind Sie einer von den Verbrechern, die den Reichstag angezündet haben.«

Senatspräsident Bünger: »Sie können sich nicht wundern, dass der Zeuge hier aufbraust […].«
Dimitroff (zu Ministerpräsident Göring): »Ich bin sehr zufrieden.«

Bünger: »Ich entziehe Ihnen das Wort.«
Dimitroff (zu Ministerpräsident Göring): »Haben Sie Angst vor diesen Fragen, Herr Minister?«

Göring: »Ich habe vor Ihnen überhaupt keine Angst, Sie Gauner. Sie gehören auch an den Galgen!«

(Senatspräsident Bünger schließt darauf den Angeklagten Dimitroff von den Verhandlungen aus.)

31. Tag des Reichstagsbrandprozesses.
Bericht der Deutschen Allg. Zeitung.

In dem prunkenden Rittersaal, geschmückt mit Bildern einer Wahlahnengalerie, im thronartigen Renaissance-Gestühl residiert Hermann Göring. Fackeln erleuchten die Gänge. Bombastisch wie die Einrichtung sind die Titel des Hausherren: Ritter des Pour le Mérite (zwölf hohe Orden zählt das Handbuch), Reichstagspräsident, Luftfahrtminister, Innenminister, General der Polizei, Ministerpräsident, General der Infanterie. Dazu neun Titel aus seiner Vergangenheit und die schlichte Berufsangabe: Schriftsteller (was hat er eigentlich geschrieben?). Dazu: eine Auswahl wunderlicher Uniformen eigener Erfindung.

Man könnte sich bei einem schrulligen Antiquitätensammler glauben, der sich in eine Bergeinsamkeit aus der Moderne geflüchtet hat. Aber diese Ritterburg ist nur teurer Kulissenzauber, eingebaut in ein Palais von 32 Zimmern in der Prinz-Albrechtstraße in Berlin. Eine Maskerade wie die ganze Existenz dieses Mannes. Der »Eiserne Herrmann«, auch diesen Beinamen hat er selbst lanciert, wechselt nicht nur Uniformen, sondern auch seine Wohnquartiere. In Berlin hat er allein, außer dem Ministerium des Innern, im Staatsministerium, im Palais des Reichspräsidenten und in der Schorfheide noch eine Reihe anderer Nachtschlupfwinkel. Ständig auf der Flucht, wechselt er die Wachen, die starke SS-Leibstandarte und sechs Kriminalpolizisten.

Der einstige Held des Richthofen-Geschwaders ist von Verfolgungsangst gepeinigt und zugleich von krankhaftem Ehrgeiz gehetzt. Zu jeder Opferung bereit, die sein Geltungsbedürfnis stillt.

»Alle sollen sie krepieren!« In Freundeskreis hat er das als ständige Redensart gebraucht, zuzeiten, als die Öffentlichkeit noch nicht von ihm sprach. Am Tage des Münchener Hitler-Putsches, als SA-Führer, meldet er dem Offizier der Landespolizei: »Der erste Tote in unseren Reihen bedeutet den Tod einer der von uns als Geiseln gehaltenen Männer!« [Aussage des Majors Ritter von Kramer.] Der Hitleragitator Hans Wegelin bezeugte bei der Untersuchung über die Münchener Vorgänge: »Göring ordnete an, dass: den Stadträten mit den Kolben die Schädeldecke eingeschlagen werden müsse.«

»Lieber schieße ich ein paar Mal zu kurz oder zu weit, aber ich schieße wenigstens!«

So am 10. März 1933 in Essen. Es ist der Tenor jeder seiner Reden, es ist der Grundzug seines Wesens. Ihm gilt es gleich, ob Deutsche, Juden oder Welsche: Göring muss Blut sehen! Aber Menschenblut! Als Ministerpräsident arbeitet er ein Gesetz gegen Vivisektion aus, droht:

»Bis zum Erlass des Gesetzes werden Personen, die trotz des Verbotes die Vivisektion an Tieren aller Art veranlassen, durchführen oder sich daran beteiligen, ins Konzentrationslager abgeführt.«

Auch dieser Zug gehört zu dem Krankheitsbild Göring, das in den Lehrbüchern der Psychiatrie zahllose Parallelfälle findet. Es wird komplettiert durch seine Vergangenheit. Die Flieger bildeten im Weltkrieg eine Elite über alle Fronten hinweg. Der Luftkampf ist ein Turnier, das aus dem Morden eine Rekordangelegenheit macht – dort geht es nicht nur »für Gott, Kaiser und Vaterland«, sondern auch um die Punktzahl der abgeschossenen Gegner. Dieser Kampf kennt nicht die langsame Zermürbung des Stellungskriegs; die Nerven sind auf rasche Bravourleistung gedrillt. Sehr möglich, dass – wie Göring es jüngst absichtsvoll in seiner Presse berichten ließ – die Gewohnheit bestand, sich durch Morphium zu dopen. So hat er es wenigstens gehalten bis auf den heutigen Tag. Aus dieser »Elitetruppe«, die alles um sich als Kanaille verachtet hat, kehrt Göring vom Weltkrieg zurück und fühlt sich missachtet. Anfälle der Verzweiflung: »Meine Existenz ist verpfuscht!« Er wiederholt es ständig zu Vertrauten, wechselnd mit Ausbrüchen rasender Eitelkeit. Beim Hitlerputsch schwört er auf die Ludendorff-Diktatur. Hitler? »Ach den wird man schon irgendwie unterbringen«. Nach dem missglückten Hitlerputsch wurde in einer Villa Göring verhaftet, unter Ehrenwort freigelassen, er bricht das Ehrenwort und flieht nach Innsbruck. Da tritt er mit solcher Verschwendung auf, dass sich dorthin geflüchtete SA-Leute über den Ex-Vorgesetzten empören. »Ich kann doch nicht wegen der Kerls im Gasthof zur Wildsau logieren!« Görings Antwort, als man ihn zur Rede stellte. Er geht nach Italien, geschäftlich, bis 1925 – dann nach Schweden.

Sein Aufenthalt in einer Morphium-Entziehungsanstalt, das ärztliche Gutachten, das ihm und seiner epileptischen Frau die Eignung zur Erziehung des Sohnes abspricht, sind aus dem Braunbuch bekannt. Ab 1927 betätigt er sich in Deutschland als Vertreter für technische Artikel der Flugzeugmotorenbranche. Er steht in Beziehungen zu den Flugzeugwerken Heinkel. Treibt – um die Kosten seines stets riesigen Aufwandes zu decken – dunkle Patentgeschäfte für das Ausland. Damals lieh er Hitler für die Partei, die sich in Geldschwierigkeiten befand, 24 000 Mark (er hatte sich schon früher durch große Beträge »eingekauft«) und dafür erhielt er ein Reichstagsmandat. Aber die Leitung der SA, auf die er spekulierte, blieb ihm versagt, sie wurde Röhm zugesprochen.

Wie überhaupt Göring bis zum Tag des Reichstagsbrandes in der Publizität etwas hinter dem Gestirn Hitler – Göbbels zurückstand. Er spielte die Rolle des offiziösen Diplomaten, bei den Verhandlungen mit Brüning, mit der Reichswehr, mit den Kreisen des »Herrenclubs« und mit Junkern und Großindustriellen. Verkehr mit dem Adel: Das war sein Traum. Ihn, den Protestanten, sandte man später zum Vatikan. Immer vertraut man ihm, vor dem Machtantritt, die fatalsten Aufgaben an.

Ende 1932 rückt Göring stark in den Vordergrund, als sein Konkurrent Gregor Strasser sich mit dem General Schleicher einlässt und als Kandidat für die Preußische Ministerpräsidentschaft ausscheidet. Aber es wuchs seine Gegnerschaft zu Göbbels. Da steigert er oft seine fieberhafte Tätigkeit im Kampf um die Popularität bis zur Unbotmäßigkeit gegen den Führer. Doch sein Name drang erst in alle Länder, als nach dem Reichstagsbrand die Welt die furchtbarste Anklage gegen ihn erhob. Da stürzte er sich in die kopflosen Dementis; da tobte er sich in Drohreden aus.

Im Juli 1933, als Adolf Hitler wieder einmal im Genuss der Bayreuther Festspiele schwelgte, reiste Göring plötzlich nach Berlin, berief in Eile eine – mit allen Sensationsmitteln angekündigte – »Geheime« Sitzung des Preußischen Kabinetts zusammen. Zur Beratung stellte er Strafverschärfung gegen die Regimegegner: Todesstrafen für politische Delikte, die bis dahin nur lebenslängliches Zuchthaus eintrugen – praktisch ohne Bedeutung bei der Willkür der Gerichtsurteile und der Morde in den SA-Kasernen. Göring trieb etwas anderes: Denn, was er vorbrachte, waren Vorschläge »für die Reichsregierung« – der preußische Ministerpräsident griff in den Machtbereich des Führers ein. Es war der offene Auftakt kommender Differenzen, die sich hinter den Kulissen seit Langem zwischen Görings Machtgier und dem engeren Kreis um den Führer entwickelt hatten.

Vom ersten Augenblick seiner Ministerpräsidentschaft an bemühte sich Göring, verbrämt durch allgemeine Verbeugungen vor »seinem« Führer Adolf Hitler, eine selbstständige preußische Politik zu treiben und sich selbst als den starken Mann, als den Retter des deutschen Bürgertums vor dem Kommunismus hinzustellen. So trat er im Reichstagsbrandprozess auf, wo er aber in dem Revolutionär Dimitroff einen überlegenen Gegner fand, der ihn zu einem Ausbruch brutalster Raserei peitschte.

Göring bildete am 9. Juli den Preußischen Staatsrat durch ein neues Gesetz um und zog dabei Staatsräte aus den Kreisen der Industrie, der Großagrarier und des Finanzkapitals, die nicht Mitglieder der NSDAP sind, zur Stützung seiner persönlichen Macht heran. Diese Kreise, auch Teile des hohen Militärs, finden in Göring ihren Mann. Ihm hat die Rüstungsindustrie beträchtliche Aufträge zu verdanken – ihn beruft sie in den Aufsichtsrat, wie Thyssen es tat, Göring garantiert den Junkern, dass keine »Siedlungsexperimente« in Ostelbien gewagt werden; er lässt sich selbst mit einer bayerischen Staatsdomäne von 10 000 Hektar beschenken. Göring wendet das Todesstrafe-Gesetz, das die Hitlerregierung am 28. Februar 1933 mit rückwirkender Kraft erlassen hat, in seinem krankhaften Hass gegen die Revolutionäre an und bestätigt alle Todesurteile gegen sie. Er hat im Westen die Hinrichtung mit dem Handbeil einführen lassen. Er hat durch eigene Unterschrift die Verantwortung vor der Geschichte für die barbarische Hinrichtung von 14 Antifaschisten übernommen.

Der Machtkampf zwischen Göring und Hitler ist im Augenblick in seiner Tragweite noch nicht abzuschätzen. Göring sprang vom Hauptmann zum General der Infanterie, bald darauf gab er sich als Polizei-General. In der gleichen Nacht noch, in der Hess und Röhm zu Reichsministern vom Führer ernannt wurden, übernahm Göring demonstrativ die Würde eines Chefs der gesamten Geheimen Staatspolizei Preußens. Auf die Konzentration der gesamten polizeilichen Macht des stärksten deutschen Landes und der aufgerüsteten militärischen Luftkräfte in den Händen Görings, auf Görings gestärkte Position bei der Reichswehr und der Hochfinanz antwortete Hitler mit der Ernennung seines Vertrauensmannes, des Obersten SS-Führers Himmler, zum Leiter der Politischen Polizei in fast sämtlichen außerpreußischen Ländern. Als Göbbels nach Genf reiste, um sich vor dem Völkerbund in Szene zu setzen, berief Göring gleich darauf eine Staatsratssitzung nach Potsdam ein und forderte, statt Abrüstungsverhandlungen, militärische Schroffheit.

Unter den Erscheinungen des Dritten Reichs ist Göring eine Figur, die ihre blutrünstige, reaktionäre Gesinnung kaum mit nationalen und sozialen Phrasen tarnt. Er geht brutal auf sie los, schneidet oft die sozialen Umwege Hitlers ab. Er handelt in der Politik, wie er vor dem höchsten Gericht Deutschlands, vor dem Reichsgericht in Leipzig, im tödlichen Hass gegen Dimitroff und seine Mitangeklagten gehandelt hat. Wozu sich lange mit juristischen Winkelzügen, mit Gerechtigkeitstarnungen aufhalten! Bevor die Untersuchung abgeschlossen, bevor auch nur die geringste Belastung erbracht wurde, steht sein Urteil schon fest: »Hängt die Kerle auf!«

Der geschmeidigere Göbbels parlamentiert und versucht, Görings Ausbrüche durch Ironie zu bagatellisieren. Göring ist für Gewalt, für die Tyrannei um der Tyrannei willen. Er kennt kein Gericht, keine papierenen Gesetze, keine Gewissensskrupel. Er kennt keinen anderen Maßstab als den einen:

Die Omnipotenz Hermann Göring!

DER »NAZI-SOZI« DR. GÖBBELS UND DER »JUDENKRONPRINZ«

»Wie seid Ihr doch auf den Hund gekommen, Ihr Hohenzollern.«

»Völkischer Beobachter«, November 1922.

DR. PAUL JOSEPH GÖBBELS

»Das Volk ist von einem sinnlosen Taumel erfasst.«

Dr. Göbbels am 30.1.1933 am Rundfunk über den Fackelzug.

Als Adolf Hitler »seinen geliebten Toni«, Anton Drexler, den Gründer seiner Partei, hinausgedrängt hatte, warf er ihm im Nachruf vor, Herr Drexler habe nie im Heere gedient, ihm habe »die einzige Schule gefehlt, die aus unsicheren, weichlichen Naturen Männer macht«. Freilich, damals kannte er den Dr. Göbbels noch nicht. Der ist Jahrgang 1897, aber körperliche Behinderung hat ihn vor Kriegs- und Heeresdienst jeglicher Art bewahrt. Trotzdem ist er keine weichliche Natur zu nennen. Denn seine Forderung war es, »die antisemitischen Gefühle der Bevölkerung mit allen Mitteln bis zur Raserei anzustacheln«.

Er hat die Juden oft aus nächster Nähe kennengelernt. Bei dem Literaturhistoriker Gundolf hat er studiert. 1923 ließ er sich von dem jüdischen Direktor Blumenau mit Geldmitteln versorgen. Mit dem jüdisch-demokratischen Berliner Tageblatt verhandelte er wegen eines Redakteurspostens. Dass er den nicht erhielt, hat unabsehbare Folgen gezeitigt. Zur Literatur war er eigentlich prädestiniert. Er dichtete Theaterstücke, die er jüdischen und arischen Unternehmen ohne Rasseunterschied anbot. Doch erst im Dritten Reich, mit leichtem Zwang, eroberte er sich einige Bühnen. Aber seine rege Fantasie konnte durch rein literarische Beschäftigung nicht befriedigt werden. In der ersten Präsidentschaftskampagne 1932 gegen Hindenburg erzählte er die rührende Geschichte, wie er in einem belgischen Gefängnis während der Ruhrbesetzung 14 Tage lang mit Reitpeitschen gezüchtigt worden sei. Es war eine dichterische Freiheit. Pedanten, die nähere Angaben wünschten, verweigerte er jegliche Auskunft. Schwieg auch, als der ehemalige Redakteur der NS-Korrespondenz, Mossakowsky, 14-mal im Blatt »Der nationale Sozialist« ihn einen »abgefeimten Lügner« genannt hatte. Um solcher Geringfügigkeiten willen hat sich »der Schrecken von Berlin« nicht in seiner Ruhe stören lassen.

Was erlebt dieser Dichter nicht alles auf einer Autofahrt! »Auf einmal richtet sich Dr. Göbbels von seinem Sitz auf. Halt, Kamerad! Was ist denn los, Dr.? Weiß nicht, aber, Chauffeur […] wir sind in Gefahr! Da greifen wir in die Taschen und springen heraus […]. Holla, am linken Hinterrad fehlen vier Schrauben. Von fünf Schrauben vier Schrauben […]. So kämpfen das Judentum und seine Knechte.« Er ist unerschöpflich: Zwei Judenmädchen, Rosalie Rosenbaum und Sascha Baruch, fragen den Innenminister Grzesinski nach des Doktors Adresse, um den Schädling zu ermorden. Die Vorsehung leitet natürlich die Briefe an den Dr. Göbbels persönlich. Wenige Tage später wird ihm eine Bombe ins Büro geschickt. Die polizeiliche Untersuchung ergibt als Inhalt des verdächtigen Pakets: Blumenerde und zwei Knallfrösche. Und seinem poetischen Hirn entspringt schließlich nach dem Machtantritt der Plan, in der Berliner Zentrale der Kommunistischen Partei, im Karl-Liebknecht-Haus, von der Polizei hineingeschmuggeltes hochverräterisches Material finden zu lassen. Denn Göbbels muss durch fortwährenden Betrieb physische und moralische Mängel vergessen machen, vor allem die moralischen. Er ist ein überaus ängstliches Gemüt, dieser knirpsige schwarzhaarige Mime unter den Siegfrieds der Parteioper. Nicht einmal, wie Hitler, kann er sich mythischer unkontrollierbarer Kriegstaten rühmen, kann sich kein Eisernes Kreuz I. nachträglich verleihen. Seinen Heroismus kann er bestenfalls von der Ruhrbesetzung datieren.

Also berichtet er von seiner Gründung einer nationalsozialistischen Gruppe mitten im besetzten Gebiet. Doch seine Anfänge lagen später: 1924 redigierte er ein völkisches Blättchen. Erst Gregor Strasser zog ihn ans Licht. Zu dem hielt der Doktor fest in Treue bis zur Bamberger Tagung 1926, der historischen Wendung der Partei. Da sollte über die Fürstenabfindung beraten werden. Sie wurde wütend von den Brüdern Strasser bekämpft. Eine Arbeiterpartei, selbst eine nationalsozialistische, sollte doch »eigentlich« gegen so beispiellose Verschleuderung von Volksvermögen auftreten. Doch Hitler fand das salomonische Urteil: Der Volksentscheid war ein jüdischer Dreh, daran durfte eine NSDAP sich nicht beteiligen. Und Hitler erreichte noch ein anderes Ziel: Er zerschlug die norddeutsche Opposition, die von Strasser geführt wurde. Diese Probe überstand des Doktor Göbbels Treue nicht; so flink, wie es ihm keiner zugetraut hätte, schlängelte er sich an Hitlers Seite. »Ein unerhörter Verrat an Ihren Freunden!«, urteilte zu ihm der Parteigenosse Hauptmann von Pfeffer. Der Führer belohnte es, er ernannte den Doktor zum Führer des Gaus Berlin-Brandenburg, zum selbstständigen Leiter der Propaganda.

Das Berlin von 1926, in das der rheinische Provinzredakteur – »das verkannte Genie« nach eigenem Ausspruch – geriet, stand in der Scheinblüte der Kultur. Von den literarischen Salons bis zu den »Lasterstätten« blieb alles ein wenig parvenühaft, wie Berlin immer gewesen ist mit seiner Talmipracht der Hohenzollern. Aber Berlin zeigte die interessantesten Theaterexperimente, war internationales Zentrum der Musik, Treffpunkt der deutschen Geistigkeit. Berlin hat eine aufgeklärte Arbeiterschaft, unzugänglich dem Hitler-Mystizismus. Weder der bürgerliche Westen noch der proletarische Norden nahmen das ölige Pathos österreichischer Provinz ernst. Göbbels eroberte sich

Berlin von der Unterwelt her, der literarischen und der kriminellen. In seinen Reden, in seiner Tageszeitung »Angriff« rührte er ein Stilgemisch von falschem Expressionismus und zügelloser Pöbelei zusammen. Vom falschen Fremdwort bis zum falschen Rowdy-Jargon: »Die Dominante der Straße ist die Anwartschaft auf den Staat«. Aber eine berühmte Berliner Schauspielerin ist eine »jüdische Sau«. Und genauso unbekümmert offen über Hindenburg: »Alter schützt vor Torheit nicht!« (Zitate aus dem »Angriff«) Denn der Doktor spricht, wie er meint, die Sprache des Volkes, das heißt: Er bedient sich der niedrigsten Ausdrücke, so hemmungslos wie kein Arbeiter sie je gebraucht hätte, so hemmungslos wie ein talentloser Literat, der Urwüchsigkeit vortäuschen will. Es gelingt ihm tatsächlich, in wenigen Jahren die Stellung der NSDAP in Berlin zu stärken. Die Demoralisierung wachsender Arbeitslosigkeit mehrt seine Gefolgschaft; aus verwahrloster Jugend, aus dem Provinz-Zuzug, den die Not in der Großstadt anschwemmte, aus der Studentenschaft, die ihr Studium in Hoffnungslosigkeit begann, rekrutierten sich seine Anhänger. Horst Wessel, getötet in einem Unterweltsstreit, war der Exponent dieser Schichten. Den machte der Doktor zum nationalen Heros. Unter des Doktors Herrschaft beginnt das Wüten der Straßenschlachten, der regelrechten Bandenüberfälle auf Arbeiterviertel, die Hitlers Münchener Saalterror in Vergessenheit geraten lassen. Hitler, der an Visionen leidet, der vor Wut rast oder herzzerbrechend weint, Hitler ist beglückt, wenn er mit Generaldirektoren und Prinzen als Ebenbürtiger dinieren darf. Der Doktor, dem viel mehr kaltblütige Schnoddrigkeit imponiert, verleugnet, wenn er zum »Volke« spricht, selbst diesen Respekt. Er pöbelt den Zollernprinzen August Wilhelm, den »Auwi«, an und bezeichnet die Nachkommen des Fridericus Rex schlicht als verjudet. Wenn man nachher im Braunen Hause ist, wird sich schon alles finden! Seine Sehnsucht sind Berlins literarische Salons; doch da man ihm den Eintritt verweigert, lässt er sie demolieren. Zum Tag der

Bücherverbrennung zitiert er Hutten: »Oh, Jahrhundert! Oh, Wissenschaften! Es ist eine Lust zu leben!« Er ist stolz, das Zitat gefunden zu haben; er ist wirklich glücklieh, denn dort wird eine Konkurrenz vernichtet, die verhindert hat, dass seine gesammelten Werke – vierzehn Bände stark – keine Auflagen erzielten.

Nun da die gesamte deutsche Literatur ins Exil getrieben oder ins Konzentrationslager gesperrt worden ist, spielt er mit den Überläufern Gesellschaft. Ernennt sich zum Präsidenten der Reichskulturkammer und hofiert den Dichter Gerhart Hauptmann, der sich von den Juden Brahm und Reinhardt entdecken und von dem Juden Fischer verlegen, von der Republik feiern ließ. Wehe dem Verlag, der den Doktor abwies, dem Rundfunkleiter, dem Theaterdirektor, der sein Talent verkannte, Auf diese Seligkeit, mit SA-Leuten in die Literatur einzubrechen, fällt ein böser Schatten: die Gegnerschaft des Göring'schen Innenministeriums, die Rivalität des Rosenberg'schen Kulturbundes. Wenn der Doktor Göbbels die übrig gebliebenen Expressionisten-Epigonen verteidigt, wenn er Nolde, Barlach, protegiert, dann prangert die Gegenseite seine Günstlinge als verjudete Kulturbolschewisten an. Der Doktor, bekümmert, revanchiert sich und verbietet den – von Göring inspirierten – Horst-Wessel-Film.

Doch der Führer steht noch beim Öldruck. Er entscheidet als höchste Instanz, wenn man ihm die Werke der Göbbels-Richtung zeigt, auf den ersten Blick: »Das ist unarisch!« Aber hält Göring eine politische Ansprache, untersagt das Propagandaministerium der Presse den Abdruck. Das Dritte Reich wuchs zur historischen Sendung für »Jahrtausende«; in des Doktor Göbbels Regierungsdomäne herrscht weiter das Intrigenspiel einer Provinzredaktion.

Er heiratet in die Gesellschaft ein. Die Mutter seiner Gattin war in erster Ehe leider mit einem Juden Friedländer verheiratet. Jeder andere als der Doktor Göbbels wäre durch solche Verbindung den Erinnyen der Rasseschande zum Opfer gefallen. Der Doktor aber ließ den ersten Gatten seiner Frau, den Großindustriellen Dr. Quandt, wegen Korruption verhaften. Solche Tat pries ein Bulletin des Propagandaministeriums als Beweis für die Objektivität der Regierung. Denn dieser Dr. Quandt war strammer Nazi, vier Millionen Kaution kostete den Ärmsten die Freilassung. Eine Million fiel an die ehemalige Gattin. So wusch der Doktor Göbbels die Familienehre wieder rein.

»Mephisto der Partei, ein unsympathischer Mensch, ein mit einem Pferdefuß vom Herrgott Gezeichneter, vor dem man sich in Acht nehmen muss«. So charakterisierte ihn der ehemalige Parteigeschäftsführer Amann, Hitlers Verlagsdirektor in München[1]. Die Rassetheoretiker – zumal der Gruppe Feder – beargwöhnen seine arische Abstammung. Mühselig ordnet ihn die offizielle Rassewissenschaft als »nachgedunkelten Schrumpfarier« ein. Der Doktor Göbbels hat den »roten Korruptionssumpf« trockengelegt, darauf eine Millionärin geheiratet und seinen Bruder, einen kleinen Provinzbuchhalter, zum Generaldirektor der Provinzial-Landesversicherungsanstalt Brandenburg erhoben. In Luxusautos kutschiert er durchs Dritte Reich, denn er will »die Brutalität des Proletariers formen« (Rede im Sportpalast).

Nun, da er im Dritten Reich Propagandaminister ist, schlägt sein Ehrgeiz höher. Vorerst versucht er noch, im Schatten des »Führers« zu steigen. Sein Hauptkampf gilt Göring, in dem er den gefährlichsten Rivalen sieht.

Die Rivalität der beiden hat die Politik des »Dritten Reichs« oft entscheidend beeinflusst.

In den letzten Monaten hat sich Göbbels auch auf das Gebiet der Außenpolitik begeben. Ein verunglücktes Gastspiel in Genf war der Beginn. Er ließ sich nicht abschrecken. Seine Vorstellung ist, dass man die Methoden der Innenpolitik auch nach außen anwenden müsse:

---

1 Laut Aussage von Otto May, Propagandachef des »Völkischen Beobachters«.

Entfesselung des Antisemitismus – Göbbels betreibt sie in allen Ländern. Die deutschen Druckereien liefern antisemitische Hetzschriften in französischer und englischer Sprache. Göbbels Agenten vertreiben sie in allen Ländern und haben Millionensummen zur Verfügung.

Alles versprechen: der Welt – den Frieden, Frankreich – den Verzicht auf Elsass-Lothringen, Polen – die Ukraine, Italien – den Verzicht auf Südtirol, Japan – Hilfe gegen die Sowjetunion.

Nichts halten! Wie ernst es Göbbels mit seinen Versprechungen ist, liest man in den Anweisungen des Propagandaministeriums an seine Agenten, die ein Pariser Blatt veröffentlichte. Hier wird die Methode der Göbbels'schen Außenpolitik deutlich sichtbar: Die ganze Welt ein Wahlkreis mit Hitler als Spitzenkandidaten und Göbbels als Propagandaleiter. Ist die Wahlschlacht gewonnen, werden die Plakate von den Mauern gewaschen, so versinken mit ihnen die Versprechungen, die feierlichen Schwüre und Eide. Und deutlich sichtbar wird dann das wahre Gesicht des Nationalsozialismus. Seine Mutter ist der soziale und nationale Betrug, sein Vater der Terror, sein Kind der Krieg. Und sein Propagandaminister ist der Doktor Göbbels.

DIE HALBGÖTTER

RUDOLF HESS

Reichminister und Hitlers Schildknappe.

RUDOLF HESS

»Ein psychologischer Fehler, den ich in der Abwehr eines Zwischenrufes beging, […] gab das Signal zum Losschlagen […] dazwischen das Krachen von Stuhlbeinen, das Zerplatzen der Krüge, Gröhlen, Johlen und Aufschreien […].

Es war ein blödsinniges Spektakel. Der Tanz hatte noch nicht begonnen, als meine Sturmtruppler, denn so hießen sie von jenem Tage an, angriffen. Wie Wölfe stürzten sie in Rudeln von acht bis zehn auf ihre Gegner los und begannen sie nach und nach tatsächlich aus dem Saale zu dreschen […]. Wie viele hab ich damals erst so recht kennengelernt: an der Spitze meinen braven Maurice, meinen heutigen Privatsekretär Hess […].«

Adolf Hitler: *Mein Kampf,* Seite 566 (1933).

Durch diese Schilderung von der Saalschlacht 1921 ist ungefähr die Stellung von Hess gekennzeichnet: Er ist der Schildknappe des Ritters Adolf geblieben bis auf den heutigen Tag; heute stellvertretender Parteiführer, Vertreter Hitlers in allen internen Parteiangelegenheiten, Mitglied des preußischen Staatsrates. Seit Kurzem auch Reichsminister.

Hess gehörte zu den ersten Studenten, die zum Nationalsozialismus stießen. Schüler Otmar Spanns, kam er durch Spanns Universalismus zu den Anschauungen der NSDAP. Nicht nur in der Presse – da er als Erster im »Völkischen Beobachter« für Adolf Hitlers Obergewalt über die SA eintrat – auch im nationalökonomischen Seminar des Professors von Zwiedinek-Südenhorst verfocht er fanatisch die Theorien seiner Götter Spann und Hitler.

Diese Kreise sind bis jetzt in engster Fühlung mit ihm.

Hess, an Bildung und Umgangsformen allen Personen des Hitlerkreises überlegen, verdankt es einzig seiner unterwürfigen, völlig bedingungslosen Hitlertreue, dass er an des Führers Seite verblieb. Was Hitler auch tat, Hess stand an seiner Seite und deckte ihn. Esser, Streicher, Göbbels, Frick und Göring, alle SA-Führer und Gauleiter haben den Führer irgendwann einmal bekämpft: niemals Hess.

In seinem Hofstaat, den er ganz dem Vorbilde Wilhelms II. nachgebaut hat, hat sich Adolf Hitler einen Chef des Militär- und einen Chef des Zivilkabinetts geschaffen. Chef des Militärkabinetts (Regelung aller SA-Angelegenheiten) wurde der Oberleutnant Brückner. Zivilkabinettschef ist der treue »Privatsekretär« Hess. Dort hat Hess alle Unannehmlichkeiten, alle Korruptionsverfahren abgewehrt wie einst in der Münchener Saalschlacht die Gegner, als »Hitler auf seinem Platze stehen blieb und beobachtete«. Von dort hat er »bis auf Weiteres alle Aktionen gegen Warenhäuser und warenhausähnliche Betriebe verboten«.

Von Hess, der 1894 in Alexandrien geboren ist, der mit dem Führer 7 ½ Monate auf einer Festung verbrachte, ist sonst kaum mehr in die Öffentlichkeit gedrungen als seine unentwegte Freundschaft zu Hitler, und die Tatsache, dass er manche Rede Hitlers entwerfen durfte. Auch ein Gedicht hat er der Nachwelt übergeben, dessen Endzeilen lauten:

»He, Franzmann, das ist böser Morgengruß!
Ihr dort müsst sterben, dass wir leben können.
Wir selbst und unser ganzes, armes Volk.«

Es wurde 1924 geschrieben – 1933 parteiamtlich dem erwachten Deutschland übermittelt.

REICHSINNENMINISTER DR. WILHELM FRICK

Führte in Thüringen die »Hassgebete« gegen Juden und Franzosen, im Dritten Reich die Prügelstrafe in den Schulen ein.

DR. WILHELM FRICK

Als der republikanische Staatsbeamte Dr. Frick am Morgen des Münchener Hitlerputsches erfuhr, dass er von Adolf Hitler zum Polizeichef der Putschregierung ernannt worden sei, nahm er unter der Bedingung an, dass sein hoher Vorgesetzter, der republikanisch-bayerische Ministerpräsident Kahr, nichts dagegen hätte. Herr Dr. Frick ist ein bürokratischer Aufrührer; stets trieb er Hochverrat nur auf dem Amtsweg. Er hatte sich bereits im Krieg nicht eitel zum Frontdienst gedrängt; war, wie er sagte, »geblieben, wo ihn der Befehl seines Königs hingestellt habe«. In Pirmasens. Im Hinterland. Während seiner Amtstätigkeit fertigt er mit der ihm eigenen Gewissenhaftigkeit Fememördern und anderen Parteifreunden echte falsche Pässe aus, z. B. dem Mörder des Abgeordneten Gareis. Begönnert den Separatisten Prof. Fuchs, der Bayern mit französischer Hilfe vom verhassten Deutschen Reich losreißen wollte. Über seine Mitwirkung am Hitlerputsch stellt das Protokoll des bayerischen Untersuchungsausschusses fest:

»Die Hauptschuld am Versagen der Polizei nach Ausrufung der Revolution im Bürgerbräukeller trifft den Oberamtmann Frick.«

Er wurde nach dem Misslingen des Hitlerputsches wegen Beihilfe zum Hochverrat zu 1 ¼ Jahr Festungshaft verurteilt, mit sofortiger Bewährungsfrist.

Und im Januar 1930 zum thüringischen Minister ernannt, dem ersten nationalsozialistischen Minister Deutschlands. »Ich bin nach Thüringen gekommen«, sagte er in seiner Antrittsrede, »um in Ihrem schönen Land unsere nationalsozialistischen Grundsätze in die Tat umzusetzen.« Und das tat er denn auch in reichem Maße. In den Schulen führte er für die Kinder als Erstes die Hassgebete (Gebete mit antisemitischen und antifranzösischen Beschimpfungen) ein, berief einen der absurdesten Rassentheoretiker, Günther, an die Universität Jena. Die Universität Jena widersetzte sich aber, als er den wegen Mordanstiftung vorbestraften, wegen Geistesgestörtheit aus dem Lehrkörper der Universität Heidelberg ausgestoßenen Privatdozenten Dr. Ruge zum Professor der Philosophie ernennen wollte. Umso ungestörter vollzog sich die Umschaltung in seiner Beamtenschaft. »Schlimmste Futterkrippenwirtschaft« nannte das sein Kabinettskollege, der Ministerpräsident Baum. Beförderung auf dem Amtswege: Das war Dr. Fricks Spezialität, die er so weit vervollkommnete, dass er schließlich Adolf Hitler zum Hildburghausener Gendarmeriekommissar beförderte. Ministerpräsident Baum, keineswegs ein Marxist, erklärte dazu:

»Die von Dr. Frick an mich gestellte Zumutung, gemeinsam mit ihm unter Ausschaltung des Kabinetts Herrn Hitler ein Staatsamt zu übertragen, habe ich zurückgewiesen. Es geschah dies vor der Kabinettssitzung, in der mit Stimmenmehrheit festgestellt wurde, dass es das Staatsministerium ablehne, Herrn Hitler die thüringische Staatsangehörigkeit durch eine Pro-forma-Berufung zu verschaffen.«

Kaum aber hatte sich der Ministerpräsident auf eine kleine Reise entfernt, erfand der Dr. Frick für seinen Führer diesen romantischen Posten eines Polizisten in Hildburghausen. In aller Stille freilich, unter Verletzung einiger beamtenrechtlicher Bestimmungen.

Der Dr. Frick hatte einst als Reichstagsabgeordneter die Herabsetzung der Ministergehälter auf 12000 Mark beantragt. Nun, da er auf dem thüringischen Ministersessel saß, wurde der gleiche Antrag, diesmal allerdings von Sozialdemokraten, eingebracht, durch Rechtsparteien und Nazis vereint niedergestimmt. Auch als die Gehälter thüringischer Minister auf 16000 Mark herabgesetzt wurden, blieb unangetastet das Gehalt des nationalsozialistischen Ministers Dr. Frick. Und erst, als er aus der Regierung ausgeschieden war, stimmte die NSDAP – zusammen mit der Linken – für die Senkung der Ministergehälter auf 12000 Mark. Der Dr. Frick verstand es stets, seine Anträge je nach seinen privaten Erfordernissen einzurichten. Hatte er einst vom Reichstag gefordert, »Beamte, die zum Amt eines Ministers berufen werden, haben bei ihrem Rücktritt Anspruch auf Gehalt und Versorgung aus ihrem beruflichen Dienstverhältnis unter Berücksichtigung der Vorrückungen und Beförderungsmöglichkeiten, wie wenn die Beförderung nicht erfolgt wäre.«

So beantragte er, als er Minister war, im Oktober 1930:

»Soweit frühere Berufsbeamte Ministerpensionen beziehen, erhalten sie an deren Stelle Pensionen aus ihrer letzten Berufsbeamtenstellung.«

Doch in der Praxis hat er, im Gegensatz zu seinen thüringischen Ministerkollegen, über das von den Nationalsozialisten mitbeschlossene Ministergesetz hinaus für seine Person einen Sondervertrag durchgedrückt, der ihm für den Todesfall oder Erkrankung im Dienst eine besondere Pension sichern sollte. Er bezog noch nach seinem Ausscheiden 1180 Mark Übergangsgehalt, obwohl er öffentlich leugnete, dass er auch nur einen Pfennig erhalte. Und wurde schließlich Reichsinnenminister.

Eine Umstürzlernatur ist Herr Dr. Frick nie gewesen – er hat sich in den Nazi-Walhall heraufgedient und heraufintrigiert. Am 11. Juli 1933 hat er die Revolution für beendet erklärt, in schärfsten Ausdrücken die verdammt, die »von einer Fortsetzung der Revolution oder von einer zweiten Revolution reden. Solche Äußerungen stellen eine Sabotage der nationalen Revolution dar und sind insbesondere geeignet, die deutsche Wirtschaft neuen Beunruhigungen auszusetzen. Jeder Versuch einer Sabotage der deutschen Revolution, wie er namentlich in unbefugten Eingriffen in die Wirtschaft [...] zu erblicken ist, muss daher aufgrund der Verordnung zum Schutze von Volk und Staat mit den schärfsten Maßnahmen (mindestens Schutzhaft) gegen wen immer geahndet werden.«

Frick hat umso diktatorischer den Schul- und Universitätsunterricht »revolutioniert«, das heißt durch Schließung aller modernen Lehranstalten, durch Einführung der Prügelstrafe und des Zwanges zum Religionsunterricht auf den Stand des Vormärzes zurückgeschraubt. Genauso apodiktisch, wie er die Revolution abbläst, verfügte er: »Eine entscheidende Beeinflussung Vorderasiens ist erst das Werk der ursprünglich nordrassischen Inder, Meder, Perser, wie der Hethiter. Der Schüler muss die Schicksale dieser Völker als die seiner eigenen Blutsverwandten erleben.«

Im Gegensatz zum Schicksal deutscher Arbeiter in Konzentrationslagern.

Denn »der Kampf der Patrizier und Plebejer ist vorwiegend als Rassekampf zu verstehen«.

Herr Dr. Wilhelm Frick, des Führers hochrassiger Amtsschimmel, führt als Innenminister den Kampf gegen den minderrassigen deutschen Plebejer.

DIPLOMAT ALFRED ROSENBERG

Leiter des »Kampfbundes für Deutsche Kultur«
Chefredakteur des »Völkischen Beobachters«
Verkünder des Kreuzzuges gegen die Sowjetunion.

ALFRED ROSENBERG

»Wie vor 140 Jahren Frankreich die Emanzipation der Juden einleitete, so steht es heute an der Spitze der Verköterung Europas durch die Schwarzen [...].«

»Abgeschafft muss danach ein für alle Mal das sog. Alte Testament werden als Religionsbuch. Damit entfällt der misslungene Versuch der letzten anderthalb Jahrtausende, uns geistig zu Juden zu machen.«

»[...] bei allen Großen des nordischen Abendlandes ist Jesus schlank, hoch, blond, steilstirnig, schmalköpfig. Auch die Künstler des Südens haben für einen krummnasigen plattfüßigen Heiland kein Verständnis gehabt [...].«

Alfred Rosenberg: *Mythos des 20. Jahrhunderts*, Ausgabe 1933.

Wer aber ist Alfred Rosenberg?

Das Handbuch der nationalsozialistischen Reichstagsfraktion 1933 verzeichnet lakonisch: »Geb. 12. 1. 1893 in Reval, evangelisch [...] studierte an der Technischen Hochschule zu Riga Architektur. Bei Überführung der Technischen Hochschule nach Moskau studierte er dort weiter und beendete das Studium 1918 mit einem Diplom ersten Grades. Meldete sich kurz vor Einmarsch der deutschen Truppen in Reval als Freiwilliger, wurde aber als Bewohner eines okkupierten Landes abgewiesen. Darauf Zeichenlehrer am Gustav-Adolf-Gymnasium in Reval [...].«

Wäre also, demzufolge, schnell nachdem er sein Examen unter den Bolschewisten absolviert hatte, durch die feindlichen Reihen der Deutschen gegangen. Nun aber, da er dies Ziel schon erreicht hatte, wäre er als Bewohner eines okkupierten Landes abgewiesen worden? Wie merkwürdig, da doch unzählige seiner baltischen Stammesbrüder freudigst aufgenommen waren. Bringt es in Reval zum Zeichenlehrer. »Hielt November 1918 den ersten öffentlichen Vortrag über Judentum und Bolschewismus.« Trieb also – um in der Sprache des Dritten Reichs zu reden – Gräuelpropaganda, erzählte, die Russische Revolution sei von den amerikanischen Geldjuden Warburg und Kahn finanziert worden. So, redend, agitierend, landete er 1919 in München, in einer der Zentralen der emigrierten Weißgardisten. Und dort – das wird eine entscheidende Begebenheit für den Nationalsozialismus werden – tritt er in Beziehungen zu dem Fantasten Eckart, einem kleinen ehemaligen Redakteur des »Lokalanzeiger« und treuen Mitarbeiter Hitlers, und durch ihn zu Hitler selbst. Einer der zuverlässigsten Hitlerbiografen, Weigand von Miltenberg, (Adolf Hitler, Wilhelm III.) schreibt:

»Die Kenner pflegen über Hitlers Papstgesten zu lächeln, dieweil der Spruch gilt: Hitler befiehlt, was Rosenberg will!«

Die nationalsozialistische Bewegung, die gegen die Sowjetunion zu Felde zog, hat ihre Wesenszüge von russischen Weißgardisten empfangen; zaristisch ist ihr Antisemitismus, ganz aus dem Programm der »Schwarzen Hundert«. Ihr Hauptpropagandamittel »Die Weisen von Zion«, die von Rosenberg neu herausgegeben wurden. Jenes berüchtigte »Dokument«, das aus den Schriften eines jüdischen französischen Schriftstellers, Maurice Joly, einem deutschen, antisemitischen, pornografischen Roman, aus Arbeiten des französischen Fälschers Taxil unsagbar plump in Russland nach dem Pogrom in Kischinev zusammengefälscht worden war, um die Judenverfolgungen vor der Welt zu rechtfertigen.

Weißgardistisch war die Außenpolitik der Partei, die durch einen Aufsatz Rosenbergs im »Völkischen Beobachter« 1921 mit solchen Sätzen eingeleitet wurde:

»Zu jener Zeit aber, da sich dieses Gewitter über den deutschen Ostmarken zusammenzieht, wird es darauf ankommen, hunderttausend opferwillige deutsche Männer dort zu versammeln [...]. Ein zum Äußersten bereiter Entschluss wird sich auch mit dem Verhalten des mit französischen Kanonen und Tanks hinter dem Rhein sitzenden Westjuden abfinden, der jämmerlich schreien wird, wenn es dem Ostjuden an den Kragen geht. Bleibt Lenin in Polen stehen, so ist es immer noch Zeit, Polen zu befreien. Polen gleicht einem hysterischen Frauenzimmer [...]. Das Entscheidende bleibt, dass das russische Heer in einem zweiten Tannenberg über seine Grenzen gejagt wird. Dies ist eine ausschließlich deutsche Angelegenheit.«

So predigt Rosenberg den Krieg gegen sein Ex-Vaterland. Russische Weißgardisten geben dem »Völkischen Beobachter« die Linie für den Außenkampf. Dr. Nemirowitsch, Pressechef des 1918 von der deutschen Heeresleitung zum Herrn der Ukraine eingesetzten Hetmans Skoropadski, hält aufklärende Ansprachen in nationalsozialistischen Versammlungen, schreibt in der völkischen Presse.

Diese Beziehungen bleiben intim bis ins Dritte Reich. Im Mai 1933 bildet sich in Berlin eine Truppe nationalsozialistischer Russen in Kosakenuniform mit Hakenkreuz, unter der Leitung Swetosarows, die an allen Kundgebungen offiziell teilnimmt. Die Organisation weißrussischer Emigranten (Baron Osten-Sacken-Tettenborn) sendet an Adolf Hitler eine glühende Huldigung. Die Pariser weißrussische Zeitung »Vozrojdenie« beglückwünscht Hitler und berichtet, »dass in der russischen Kirche Dresdens feierliche Gebete für das Gelingen des Hitlerexperiments gesprochen wurden«.

Es sind die gleichen Ideengänge, denn es ist die gleiche Schule, aus der die russischen Weißgardisten und der Leiter des Außenamts der NSDAP, Alfred Rosenberg, hervorgegangen sind.

Die wichtigsten Grundzüge dieser Lehre seien gegenübergestellt in den Formulierungen weißgardistischer Broschüren (ROND genannt) und denen Rosenbergs in seinem Buch *Mythos des 20. Jahrhunderts.*

(Aus »Maschinengesänge«. Autor: ein früherer russischer Schwarzer Husar. Pariser Broschüre.)	(Rosenberg: *Mythos des 20. Jahrhunderts.*)
»Da war ein Kaiser, der wollte keine Kriege führen. Das ist ja eine Idee der Tolstoianer, dieser Esel […]«.	»Wert auf eine Feigheitslehre haben nur innerlich bastardisierte Menschen gelegt wie Tolstoi […]«.
(»Maschinengesänge«) »Dass doch jeder, der Russland liebt und ihm glänzende Siege wünscht, auf den jüdischen Messias spuckte […]«.	(Rosenberg) »Der Mann, der mitriss und dem sie alle folgten, nicht das Opferlamm der jüdischen Prophetie, nicht der Gekreuzigte, ist heute das bildende Ideal […] Jesus, als dem Erfüller des jüdischen Messiasgedankens […]«.
(Gregor Bostunitsch: *Novy Sad*) »Die Freimaurerei und die russische Revolution«	
»Der Bolschewismus ist in Frankreich von Freimaurern organisiert.«	»Im Schlepptau dieser freimaurerischen Demokratie schwamm die gesamtmarxistische Bewegung.«

(»Einer christlichen Monarchie entgegen«, Zeitschrift, in Paris herausgegeben von der »Kaiserlich russischen Union«.)

»Unter Hitler wird die christliche Monarchie entstehen […]. Von ihm geht der Ruf aus, die jungen und gesunden Kräfte des arischen Europas zu vereinen im gemeinsamen Kampf gegen das Weltjudentum und den Mammon.«

»Wir kannten seit Jahren den Mann, der ein neues Banner auf den Türmen deutscher Städte hochziehen würde. Wir kennen und erleben endlich heute die Mächte der aus tiefem Schlaf erwachenden Rassenseele, die diesen Mann notwendig tragen mussten.«

Und nun ein anderer Vergleich, dessen Zusammenhänge klar werden:

Aus der Zeitschrift »Nabat« (Paris):

»Beginnen wir endlich mit dem, was wir seit 14 Jahren schon getan haben müssten: Erklären wir dem Teufel den Heiligen Krieg […] das wird nicht nur ein Heiliger Krieg sein, sondern auch eine teuflische Schlächterei.«

Adolf Hitler: *Mein Kampf* (S. 752):

»Der Kampf gegen die jüdische Weltbolschewisierung erfordert eine klare Einstellung zum Sowjetrussland […]. Wie dem deutschen Arbeiter den Bolschewismus als fluchwürdiges Menschenverbrechen klar machen, wenn man sich selbst mit dieser Ausgeburt der Hölle verbündet?«

Der Herausgeber der Zeitschrift »Nabat« aber ist jener Jakowleff, den sein Intimus Gorguloff, der Mörder des französischen Präsidenten Doumer, zum Diktator machen wollte. Jakowleff stand, wenigstens in jener Zeit, in engsten Beziehungen zur NSDAP. Und Gorguloff, ursprünglich weißgardistischer Russe, trat, als Emigrant zur sog. »Grünen Front« über. Er selbst bezeichnete sein Programm als »antimonarchistisch, antikapitalistisch und antisemitisch«. Er hat nicht nur Sätze des Hitlerprogramms übernommen, sondern auch in der Voruntersuchung sich ausdrücklich als Anhänger Hitlers bekannt. Wie die Nationalsozialisten forderte er: »Russland den Russen, Palästina den Juden!«, und predigte: »Dein einziges Heil ist der Krieg! Irgendein Krieg! Krieg nach außen oder Bürgerkrieg!« Das Attentat auf Doumer sollte das Fanal sein.

Die Analogien zwischen den weißgardistischen Äußerungen und den Anschauungen Rosenbergs lassen sich weiterverfolgen in Hitlers Schriften. Liest man Hitlers *Mein Kampf*, so drängt sich das Empfinden auf, es sei nur die halb verdaute, oft missverstandene Wiedergabe von Rosenbergs *Mythos*. »Das vernegerte Frankreich« – »Die Weisen von Zion« (als unanzweifelbares Dokument) – »Jesus griff, wenn nötig, sogar zur Peitsche«. Die »Ostorientierung« – »Der Kampf gegen die internationalen Bestrebungen der Kirche« – »Ein Bündnis, dessen Ziel nicht die Absicht zu einem Krieg umfasst, ist sinn- und wertlos.« Kein Zweifel, Hitler steht unter dem ideologischen Einfluss Alfred Rosenbergs. Es sind weißgardistische, aus dem Propagandamaterial der »Schwarzen Hundert« stammende Doktrinen, die der deutsche Nationalsozialismus seinem Einsager Rosenberg nachflüstert. Man muss, um die nicht zufällige Ideengleichheit zu verstehen, auf die zaristische Epoche vor der Revolution 1905 zurückgreifen. Damals schuf ein russischer Offizier, Zubatoff, eine »sozialistische« Arbeiterorganisation, die den internationalen Sozialismus bekämpfte und die Herrschaft des Weltjudentums als Feind der Arbeiterklasse und Russlands bezeichnete. Sein Anhänger war jener Priester Gapon, der drohte, »die Sozialdemokratie vom Antlitz dieser Erde auszulöschen«. Zu jener Zeit entstand auch jene – von den Nationalsozialisten immer wieder zitierte, von Rosenberg veröffentlichte – Fälschung der »Weisen von Zion«. Jene ganz spezielle Art des Antisemitismus, die Judentum und Revolution gleichsetzte und zuerst die Behauptung aufstellte, Anschläge gegen Staatsgebäude würden das erste Zeichen für eine Weltrevolution sein.

Die griechisch-katholische Mystik, vermischt mit einem zurechtgemachten Nihilismus der russischen Bourgeoisie, dumpfestem Antisemitismus, der Pogromhetze, die »Rassische Weltrevolution«, all das haben Rosenberg und sein Kreis in Deutschland eingeschleppt. Dem bildungshungrigen Hitler musste Rosenbergs Pseudowissenschaftlichkeit, sein Jonglieren mit historischen Namen, Zahlen, Zitaten, sein Protzen mit Lexikonkenntnissen, von Konfuzius bis Gerhart Hauptmann, sein Philosophieren über Hetärentum, arisches Seelentum, Blutmystik und kabbalistische Finanzwissenschaft maßlos imponieren; und Rosenberg wiederum fand in Hitler das vorzüglichste Medium für seine weißrussischen Außenpolitikpläne. »Hitler befiehlt, was Rosenberg will«!

Dieser Satz bleibt auch heute noch gültig, da Rosenberg aus seiner Machtstellung zurückgedrängt ist. Als Schriftleiter des »Völkischen Beobachters« hatte Rosenberg das Zentralorgan der Partei in Händen und dort musste er immer wieder in die weißgardistischen Theorien einlenken, wenn Strasser und Göbbels Zusammengehen mit der Sowjetunion forderten. Dann protestierte wütend Skoropadskis Pressechef, dann rückte Rosenberg mit seiner Formel »Sowjetjuda« heraus.

Rosenberg setzt seine Politik gegen die Sowjetunion im Dritten Reich auch gegen alle etwaigen Widerstände durch. Auf Wunsch des Außenministers, Freiherrn von Neurath, wird der ROND aufgelöst.

Rosenberg erzwingt die Wiederzulassung dieser nationalsozialistischen weißrussischen Vereinigung.

Mit englischem Geld errichtet er in Berlin eine ukrainische Universität. Unter den Geldgebern ist auch der Name Deterdings verzeichnet.

Die Ukraine ist ihm Lock- und Druckmittel für Polen zugleich. Er bietet ihr die Sowjetukraine im Austausch für den polnischen Korridor an, und er droht Polen mit der Großukraine, wenn es auf den Handel nicht eingeht. Er verhandelt mit der ukrainischen Organisation OUN, die von Oberst Konowalec geführt wird. Rosenberg verlangt, dass die künftige Ukraine Deutschland Konzessionen in der metallurgischen und Kriegsindustrie gewähren und eine Kontrolle über die ukrainische Armee und Außenpolitik zugestehen soll, während Deutschland sich verpflichtet, die nationalistischen Bestrebungen zur Gründung einer Großukraine, die alle von Ukrainern bewohnten Gebiete umfassen würde, zu unterstützen. Die Fäden dieser großukrainischen Pläne reichen auch bis zu Göring, der an den Verhandlungen mit Konowalec direkt beteiligt ist.

Die ukrainischen Pläne Rosenbergs werden von der Hitlerregierung nicht dementiert. Auch dann nicht, als die russischen, sowjetrussischen Staatsmänner Molotow und Litwinow in öffentlichen Erklärungen auf die Gefährlichkeit dieser Pläne Rosenbergs hinweisen und unterstreichen, dass sie letzten Endes auf den Krieg Hitlerdeutschlands gegen die Sowjetunion hinzielen.

1927 hatte Rosenberg auf dem Nürnberger Parteitag seinen »Nationalsozialistischen Kampfbund für deutsche Kultur« gebildet. Dieser Kampfbund, der sich neutral gab, hatte Jahre hindurch bis zum Dritten Reich wertvolle Dienste der Mitgliederwerbung geleistet; im Dritten Reich wurde er zum Kampfobjekt zwischen Göbbels und Rosenberg. Nun standen sich zwei verunglückte Literaten gegenüber, die auch auf künstlerischem Gebiet ihren Machthunger stillen wollten. Rosenberg vertrat dabei die Biederkeit hausbackener Akademik; ihm wie auch Hitler ist jedes kubistische Bild, jede expressionistische Formgebung ein Teufelsblendwerk aus der marxistischen Hexenküche. Göbbels wiederum, schon durch den Umgang mit »richtigen Kunstmalern und Dichtern« infiziert, will die Modernen, als Künder der gotisch-arischen Stilisierung, gelten lassen; schreibt selbst in einem kurzatmigen Stil, den er für hypermodern hält. Göring hält streng zu Rosenberg.

Rosenbergs eigentlicher Traum, sich als Außenminister Deutschlands zu sehen, ging nicht in Erfüllung. Um seinen Ehrgeiz zum Teil zu befriedigen, machte ihn Hitler zum Führer des neugeschaffenen »Außenamtes der NSDAP«. Seine einzige Mission, seine Propagandafahrt nach London, endete im Hohn der Gesellschaft und Arbeiterschaft.

Der gar nicht siegfriedhafte, nervös-zapplige, talmudisch-jesuitische Balte, begabt mit lauter Eigenschaften, die er aufs Tiefste verabscheut, hat dem Medium Hitler das Führertum suggeriert, ihm die Besessenheit eingeblasen.

REICHSERNÄHRUNGSMINISTER R. WALTHER DARRÉ

R. WALTHER DARRÉ

In der Umgebung von Wiesbaden steht ein pompöses Denkmal, bestehend aus einem Westerwälder Basaltblock von 120 Zentnern Schwere; dort ist, künftigen Geschlechtern zur ewigen Erinnerung, die Inschrift eingemeißelt:

R. Walther Darré
Seines Nassauischen Heimatgaues
Dankbarer Bauernstand

Anlässlich seines 38. Geburtstags, vierzehn Tage nach seiner Ernennung zum Landwirtschaftsminister. Wer ist der überragende Geist, dem zum 38. Wiegenfest solcher Vorschuss auf Nachruhm gewährt wird? »Seines Nassauischen Heimatgaues?« Doch geboren und aufgewachsen in Belgrano bei Buenos Aires, das nicht bei Wiesbaden liegt. Laut Handbuch der Partei: »Juni bis Juli 1927 im Auftrage des Reichsministeriums für Ernährung und Landwirtschaft als Vertreter des Deutschen Reichs zur Landestierzuchtausstellung nach Lahti (Finnland) entsandt«. Vertrat also auf einer Viehzuchtausstellung die »Schwarz-Rot-Mostrich-Republik«. War damals Angestellter der ostpreußischen Landwirtschaftskammer und wurde – was das Handbuch nicht vermeldet – wegen Unregelmäßigkeiten entlassen.

Kurz vor den Reichstagswahlen im April 1928 erkannte die Leitung der NSDAP, dass sie, die Großindustrie, Mittelstand und Proletariat durch gleichmäßig viel Versprechungen verpflichtet hatte, noch nichts der Landwirtschaft bot, ja dass sie durch Punkt 17 des ursprünglichen Programms – »Wir fordern eine unseren nationalen Bedürfnissen angebrachte Bodenreform, Schaffung eines Gesetzes zur unentgeltlichen Enteignung von Boden für gemeinnützige Zwecke, Abschaffung des Bodenzinses und Verhinderung jeder Bodenspekulation« –, dass sie durch solche Sätze die Großgrundbesitzer abschreckte. Ihr fehlte der agrarische Agitator. Nun fand sie ihn in dem jungen Walther Darré. Im März 1930 ging als »Parteiamtliche Kundgebung« ein neues Agrarprogramm ins Land. Nicht mehr, wie Jahre zuvor der Führer gekündet, ist »in erster Linie die Masse unserer Arbeitnehmer das Reservoir der jungen Bewegung«, sondern »im Landvolk wird der Hauptträger volklicher Erbgesundheit, der Jungbrunnen des Volkes und das Rückgrat unserer Wehrkraft« gepriesen. Und im völligen Widerspruch zum Punkt 17 wird gesagt: »Vom deutschen Volksgenossen rechtmäßig erworbener Besitz wird als erbliches Eigentum anerkannt«. Und noch stärker: »Bezüglich der Größe der landwirtschaftlichen Betriebe kann es keine schematische Regelung geben. Eine große Zahl lebensfähiger und mittlerer Bauernstellen ist vom bevölkerungspolitischen Standpunkt aus vor allem wichtig. Daneben erfüllt aber auch der Großbetrieb seine besonderen notwendigen Aufgaben«. Diese neuen Auslegungen, die ganz im Geiste des Nationalsozialismus nichts besagen, weil sie sich selbst aufheben, waren das Werk des neuen Fachberaters in der Reichsleitung der NSDAP, Walther Darré.

Der agrarpolitische Apparat, den Walther Darré aufbaute, war aber noch von viel weiterreichender Bedeutung; er tarnte illegale Umsturzarbeiten. Aus ihm ging das »Boxheimer Dokument« hervor, das Dr. Best, jetziger Polizeipräsident in Darmstadt, zusammen mit den Abgeordneten Schäfer und Wagner verfasste, unter Mitwisserschaft Darrés. Es war der peinlich genau vorbereitete Plan und Aufruf für eine gewaltsame Machtergreifung, der eine im letzten Augenblick verhinderte kommunistische Revolution zum Vorwand für die Überrumplung der Reichsregierung verkünden sollte. Schäfer verriet den Plan vorzeitig und fiel der Feme zum Opfer.

Bedeutsam für die Beurteilung wird, dass Darré der Intimus jenes Alfred Rosenbergs ist, der russischzaristische Methoden nicht nur des Antisemitismus, sondern auch des Provokateurssystems in die »Nationalsozialistische Deutsche Arbeiterpartei« importiert hat. Darrés politische Idee einer rassenmythisch verbrämten Kulakenzüchtung entstammte Rosenbergs weißgardistisch geschulter Fantasie. Darrés Buch *Neuadel aus Grund und Boden*, das war die Zuspitzung des »Bauernadels« aus dem *Mythos des 20. Jahrhunderts.* »Rassenschutz, Rassenzucht, Rassenhygiene sind die unerlässlichen Erfordernisse einer neuen Zeit.« Diese Rosenberg'sche Rassenzucht verbindet der ehemalige Vertreter der Deutschen Republik auf der finnländischen Viehzuchtausstellung mit Erbhofsiedlung. Fordert Einrichtung von »Hegehöfen«, Schaffung von »Zuchtwarten« zur Überwachung der Durchführung von Ehegesetzen, Anlage von »Herdenbüchern« und »Stammakten« für alle Frauen. Also sollen die Prinzipien großzügiger Viehzucht übertragen werden auf ein ganzes Volk:

»Jeder Jahrgang der heranwachsenden Mädchen wird in vier Klassen eingeteilt:

Klasse I: Ihr werden diejenigen Mädchen zugerechnet, deren Verehelichung in jeder Beziehung wünschenswert erscheint. Um in dieser Klasse auch tatsächlich immer nur das Beste zu sammeln, sei als Höchstgrenze für jeden Jahrgang bestimmt, dass nur ein begrenzter Hundertsatz, etwa 10 % der zur vollen Ehe tauglichen, in ihr Aufnahme findet.

Klasse II: Ihr wird der Rest derjenigen Mädchen zugeteilt, deren Verehelichung im Hinblick auf die Nachkommenschaft keinerlei grundsätzliche Bedenken entgegenstehen. Diese Klasse wird im Allgemeinen die zahlreichste sein, aus welchem Grund gegebenenfalls die Einrichtung von zwei Unterklassen II a und II b in Erwägung zu ziehen ist.

Klasse III: Ihr werden diejenigen Mädchen zugeteilt, gegen deren Verehelichung aus sittlichen oder staatsrechtlichen Gründen keine Bedenken vorliegen, deren erbwertlicher Zustand aber in jedem Fall eine Unterbindung von Nachkommenschaft verlangt. Diesen Mädchen wird man die Ehe gestatten, wenn die Kinderlosigkeit ihrer Ehe gewährleistet ist (Sterilisation).

Klasse IV: Sie nimmt alle diejenigen Mädchen auf, gegen deren Verehelichung grundsätzlich schwere Bedenken vorliegen, sodass man von ihnen nicht nur keine Nachkommenschaft wünscht, sondern sich gegen ihre Verheiratung als solche wenden muss, weil dadurch der Begriff einer deutschen Ehe entwürdigt wird.«

Dass einen so kühnen Reformator, zwar nicht des Ackerbaus, aber der menschlichen Paarung, ein Hitlerreich sich nicht entgehen ließ, ist fast naturgemäß; wer besser als dieser Spezialist von Menschengestüten hätte zum »Reichskommissar für Bauernfragen« getaugt!

Doch dies war nur der Beginn seiner Karriere. Als Adolf Hitlers Schildträger Hugenberg aus dem Walhalla verstoßen wurde, erbte Darré den Platz des Reichsernährungsministers. Als zweites Opfer stürzte der Herr von Hippel, einst der »heimliche König von Ostpreußen«, der Darrés Entlassung erzwungen hatte. Ihn erledigte der übliche »Korruptionsprozess«, das Ende vieler höhergestellter Feinde der nationalsozialistischen Führer.

Darrés Werk als Landwirtschaftsminister ist die Proklamierung des »Erbhofgesetzes«. Das bedeutet die Bevorzugung der Erstgeborenen, um aus ihnen eine Fronde von etwa 500 000 Groß- und Mittelbauern zu schaffen, während die Spätergeborenen proletarisiert werden. Das Erbhofgesetz soll weiter den Bauern vor dem Gläubiger retten; aber zugleich nimmt es dem Bauern jede Möglichkeit, Grund und Boden notfalls zu beleihen. Der schwere Eingriff, der in den betroffenen Kreisen schnell zu Unzufriedenheit führte, war das einzige Geschenk an den dankbaren Bauernstand.

Sonst hielt er alle – vorher wütend bekämpften – Gesetze seines Amtsvorgängers Hugenberg aufrecht. Die hohen Hypothekenzinsen für die Kleinbauern blieben. Das Umschuldungsgesetz mit seinen Subventionen für die Großagrarier blieb. Die Verteuerung der Futtermittel für die kleinen und mittleren bäuerlichen Betriebe durch die Zölle blieb.

Walther Darré, ähnlich wie Rosenberg, hat die stärkste Suggestivkraft auf Hitler ausgeübt und übt sie weiter aus. Nicht seiner praktischen Wirksamkeit in der Agrarpolitik, sondern seinem vernebelnden Mythos vom Bauernadel galt der von ihm eingeweihte, ihm gewidmete Basaltblock der gleichgeschalteten Bauernbünde seines Wahlheimatgaues.

HANS FRANK

Bayerischer Justizminister und Reichsjustizkommissar.

FRANK II

»Im ganzen Reich wird die Prüfung aus dem römischen Recht augenblicklich eingestellt. Dafür hat die Erkenntnis zu herrschen, dass das Recht kein letztes Ziel sein kann, sondern immer nur ein Mittel zum Zweck. Eine richterliche Objektivität, die identisch ist mit der Verkennung dieses Zweckes ist ein Missbrauch des Richtertums […]. Der Staat ist nicht gewillt, die Humanitätsduselei vergangener Epochen fortzusetzen. Die Wehrkraft, die Rassekraft und die Sicherheit des deutschen Volkes muss durch die neue Rechtsordnung gewährleistet werden […]«.

So verfügte bald nach seinem Amtsantritt der bayerische Justizminister und Reichsjustizkommissar Frank.

Und in der Tat ist es gelungen, die Humanität, die Herr Frank eine Duselei nennt, abzuschaffen. Der Grundsatz dieses Rechtserneuerers, der vordem als unbedeutender kleiner Rechtsanwalt in München lebte, ist: dass im Strafvollzug der Vergeltungsgedanke klarer in Erscheinung treten müsse. Und vor allem: die Ausschaltung der Juden aus dem Rechtsleben. Im »Völkischen Beobachter« (April 1933) wurden die Frank'schen Ideen folgendermaßen wiedergegeben:

»Die Tätigkeit des jüdischen Anwalts führt zu einer vollständigen Verwirrung der Begriffe von Recht und Unrecht. Das Überwiegen des Geschäftssinnes, die der jüdischen Rasse eigene Verbundenheit mit der Unterwelt, führen den Juden im entscheidenden Augenblick dazu, die Interessen seines eigenen Mandanten zu verraten, wenn er daraus Vorteil ziehen kann [...]. Hinaus mit den Juden aus der deutschen Justiz.«

Zur Entwirrung der Rechtsbegriffe ist Herr Frank II umso geeigneter, als er der Sohn eines Juristen ist. Sein Vater war allerdings wegen gemeiner Delikte aus der Münchener Anwaltschaft ausgeschlossen worden. In treuer Kindesliebe hat Herr Frank II das Urteil der Anwaltskammer ohne Wiederaufnahmeverfahren aufgehoben und, gegen alle sonst gültigen Formalitäten, seinen Vater wieder in Amt und Würden eingesetzt.

Doch diesen Anfall von »Humanität« hat er bald wieder wettgemacht.

Mitte Juni 1933 wurde ein Kollege des Frank II, der Rechtsanwalt Alfred Straus, in das Konzentrationslager Dachau gebracht. Nach seiner Einlieferung musste er auf jede Frage nach dem Grund seiner Verhaftung antworten: »Ich bin der Jude Straus und habe arische Mädchen geschändet«. Bei dem üblichen »Fluchtversuch« wurde Straus in grauenvoller Weise getötet. Diese Art der Strafvollstreckung hat ja schon nichts mehr Ungewöhnliches. Doch ein anderer Vorfall, der sich kurz zuvor abgespielt hatte, gab dem Fall eine besondere Bedeutung.

Kurz vor seiner Ermordung wurde nämlich der Rechtsanwalt Straus noch einmal in sein Buro geführt und gezwungen, das Aktenstück: Frank II herauszusuchen.

Straus war in ganz München als untadeligster, übrigens völlig unpolitischer Anwalt bekannt gewesen. Aber stadtbekannt war auch, dass er vor Hitlers Drittem Reich einen Zusammenstoß vor Gericht mit Frank II gehabt hatte. Er hatte erklärt, Beweise in Händen zu haben, dass die Vorfahren des Judenfressers Frank selbst jüdischen Stammes gewesen waren, ja, dass noch direkte Vorfahren in Kirchenheim bei Landau (Pfalz) der jüdischen Religionsgemeinschaft angehört hatten. In öffentlicher Verhandlung hatte Frank diese Angabe mit der Drohung beantwortet: »Das werden Sie alles büßen, Herr Straus!«

Die Drohung wurde Wahrheit. Das Aktenstück und sein Besitzer sind unschädlich gemacht worden.

So reinigt Frank II die deutsche Justiz von »undeutschen Elementen«.

Er reinigt es von Elementen, die ein Vorgänger von ihm, der im Jahre 1805 vom König von Bayern ins Justizministerium berufene Paul Anselm von Feuerbach, Deutschlands damals größter Jurist, in das deutsche Strafgesetz eingeführt hatte. Und fast scheint es, als habe dieser seinen Nachfolger im Dritten Reich vorgeahnt, als er schrieb:

»Es ist gewiss, dass grausame Strafen, indem sie die Gemüter abstumpfen, viel mehr eine Ursache von Verbrechen als ein Mittel wider dieselben sind, und dass ein Gesetzgeber seine unbedachtsame Strenge in immer wachsender Progression zum Extrem aller möglichen Grausamkeiten hinaufsteigern muss, damit der vorherige Stachel, gegen welchen sich immer die Gemüter abstumpfen, eine neue, schneidende Spitze bekomme.«

Solche Ideen werden heute als »undeutsch« geächtet von Männern, die werdende Juristen in militärischen »Gemeinschaftslagern« ausbilden lassen, die Gelehrte von Weltruf davongejagt haben und sich unbequemer Kollegen durch den »Tod auf der Flucht« entledigen.

PRINZ AUGUST WILHELM

Vertreter des kaiserlichen Hauses Doorn bei der Nationalsozialistischen Deutschen »Arbeiter«-Partei.

PRINZ AUGUST WILHELM

»Ich bin der Sohn eines verarmten Gutsbesitzers!« Wer? Wilhelms des Abgefundenen Sprösslings »Auwi«. 177 000 Hektar besitzt im Deutschen Reich noch immer der verarmte Gutsbesitzer, dessen Sohn der »Völkische Beobachter« als »Arbeiter« feiert, »weil er sich doch geistig beschäftigt«. Und selbst diese letzte Begründung ist übertrieben.

Vor wenigen Jahren noch wurde dieser erlauchte Zollernprinz von den Nazis als »Stahlhelmprinz« angegriffen; »Kriegsdrückebergertum« warf ihm, nicht zu Unrecht, das Naziorgan »Nationale Volkszeitung«, Hof in Bayern, vor. Rüffelte ihn wegen »eigennütziger Vertretung reaktionärer Interessen«. Als Stahlhelmer beschimpfte er die Sozialisten als Leute, »von denen man noch nicht einmal wisse, ob ihr Großvater nicht im Zuchthaus gesessen habe«. Den Marxismus bekämpfte er als Hitlerianer – 1930 trat er zur Partei über – mit der Begründung, der Marxismus habe ihn durch die Revolution enterbt und um sein Eigentum betrogen.

In der glorreichen Monarchie waren die Zollernprinzen als Leutnants geboren worden. Die Schandrepublik, so wohlwollend sie sich ihnen gegenüber erwies, hat solchen Glanz ein wenig beeinträchtigt. Immerhin, als Auwi der Vorsichtige sich der Nationalsozialistischen Deutschen Arbeiterpartei anschloss, in ihre SA eintrat, belohnte solche

Wandlung ein prinzlich schneller Aufstieg: Standartenführer, Unterführer, Oberführer zur besonderen Verwendung. Und nun im Dritten Reich: SA-Brigadeführer, Mitglied des preußischen Staatsrats.

Die Zollern hatten ihre Rollen gut verteilt, den Zeitumständen angemessen. Im Stahlhelm sprach Oktober 1932 die Frau Kronprinzessin Cäcilie. Den Verbindungsoffizier zwischen Stahlhelm und der damals stahlhelmfeindlichen NSDAP spielte in jenen Tagen der Kronprinz. Auwi vermittelte Geldzuwendungen des erlauchten Vaters für seine Partei, veranlasste eine Visite seiner hohen Stiefmutter Hermine im Braunen Haus.

Sein Sohn Alexander sorgte für gute Beziehungen zu Börsenkreisen, volontierte im Bankhaus von der Heydt, war allbeliebt auf der Börse als Nachbar des ihm befreundeten Maklers Lewisohn, wurde vom Börsenwitz durch den Namen »Auwisohn« geehrt. Proleten allerdings hatten ihn, der sie als »Arbeiterpack« traktiert und vor ihnen ausgespuckt hatte, auf offener Straße in Bayreuth geohrfeigt.

Auwi und die übrigen Hohenzollern haben sich – wohl oder übel – im Dritten Reich eingerichtet wie in der Republik. In deren letzten Tagen forderte noch Dr. Quaatz, Hugenbergs Sprachrohr, »die Wiederaufbauarbeit Deutschlands müsse ihr letztes und größtes Ziel in der Wiederherstellung des Hohenzollernkaisertums finden«. Hugenberg verschwand, der Kronprinz trat in einen Nazi-Automobilklub ein. Auwi wurde in den preußischen Staatsrat berufen. Wenn er auf »Volksgemeinschaftsversammlungen« in der Rednerliste »ein Arbeiter, ein Bauer, ein Prinz« als Letzter fungiert, so belohnt ihn bei feierlichen Anlässen ein Platz zwischen den Führern und den Industriekapitänen.

DR. ROBERT LEY

Führer der deutschen Arbeitsfront, Zerstörer der deutschen Gewerkschaften, einziger »Arbeitervertreter« im Generalrat der Wirtschaft.

DR. ROBERT LEY

> *»Wir haben denen einmal einen Parlamentarismus vorgegeigt, wie sie noch keiner erlebt hatte. Bei jeder neuen Abstimmung schlugen wir, der Faschist und ich, abwechselnd einander vor. Das macht die Kerle ganz nervös. Das muss energisch gebrandmarkt werden, dass solche Idiotenstaaten hier dieselben Rechte mit der gleichen Stimme haben sollen wie Deutschland und Italien. Stellen Sie sich vor: Kuba! Uruguay! Bolivien! Was weiß ich, wie sie alle heißen. Diese Idioten von Südamerikanern […] und was für eine Sorte von Menschen haben die! Gegenüber Kulturvölkern wie Deutschen und Italienern!«*
>
> Dr. Ley in Genf vor deutschen Journalisten.

Jedes Mal, wenn dem deutschen Arbeiter der 10 % Steuerabzug durch eine neue »freiwillige Spende« zur Förderung der nationalen Arbeit erhöht wird, pflegt der Führer der deutschen Arbeitsfront in einer schwungvollen Ansprache die Proleten aufzufordern, sich als Herrenmenschen zu fühlen. Herr Dr. Ley war nach dem Krieg als Chemiker bei IG-Farben Leverkusen. »Bettelarm«, mit einer Abfindung von 10 000 Goldmark, einem Vermögen in der Inflationszeit, schied er aus diesem Betrieb. Und gründete mit diesem Geld den »Westdeutschen Beobachter«, der dank jener speziellen Verbindung von Pornografie und Antisemitismus zum florierenden Geschäftsunternehmen wurde. Herr Dr. Ley leistete frühzeitig schon der Partei bedeutsame Dienste; er hatte die spezielle Gabe, den rheinischen Industriekreisen ansehnliche Summen zu entlocken. Es wuchs sein Ansehen; es wuchs sein Vermögen; es wuchs die Zahl seiner Gläubiger. Er blieb unpfändbar. Denn er war der Proletarier Dr. Ley. Und ist heute im Generalrat der deutschen Wirtschaft unter lauter Großindustriellen der einzige »Vertreter des Deutschen Arbeitertums.«

Sein Kummer, den er im Alkohol zu ertränken versuchte, sein Kummer über die 14-jährige Schmach der Deutschen Republik war so grenzenlos, dass er im Zustand der Volltrunkenheit die Fresken im Kölner Ratskeller zerstörte und zu den Wiederherstellungskosten verurteilt wurde. Dass er in einer Kölner Weinstube den SPD-Führer Wels und den Polizeipräsidenten Bauknecht überfiel. Wels wurde durch einen Schlag auf den Kehlkopf schwer verwundet. Auf dem Schädel des Polizeipräsidenten zertrümmerte Dr. Ley tief bekümmert eine Weinflasche.

Dies war die geistige Waffe im Kampf gegen den Marxismus, von der er oft gesprochen. Noch 24 Stunden nach seiner Verhaftung konnte der arme Dr. Ley kein Wort hervorbringen; es war nur gerecht, dass ihm die Republik die Verbüßung der ihm zudiktierten Gefängnisstrafe erließ.

Selbst die Münchener Parteizentrale, die ihn so schätzte, sah sich genötigt, ihn zur anderweitigen Verwendung ins Braune Haus abzurufen, nachdem der Gebietsführer der Hitlerjugend für Westdeutschland, Willy Kayser, folgende Anschuldigungen erhoben hatte:

»Dr. Ley hat Gelder, die für die SA in Versammlungen eingenommen waren, in Kölner Bordellen verhurt.

Hat ihn [Kayser] veranlassen wollen, mit der Frau des Direktors von Johann Maria Farina Ehebruch zu treiben, damit man sie in die Gewalt bekomme und Gelder zur Parteifinanzierung erpressen könne.

Hat den Prinzen Christian Friedrich von Schaumburg-Lippe um 25 000 Mark betrogen.«

Der Gründer der Ortsgruppe Köln der NSDAP, Stadtverordneter Mainz, trat 1931 aus der Partei aus, abgeschreckt von solcher Korruption. Und warf öffentlich dem Dr. Ley vor:

Dieser habe Gelder von Witwen und Mündelgelder unter betrügerischen Vorwänden sich geben lassen und sie für sich und die Partei verbraucht,

enge Beziehungen zu früheren Separatisten unterhalten, sie in die Partei aufgenommen, ihnen Parteiämter verschafft,

zugelassen, dass sich seine Unterführer Schaller und Zeckendorf an Parteigeldern bereicherten.

Herr Dr. Ley wurde wegen Verbreitung der Ritualmordlüge (§ 166) zu 1000 Mark Geldstrafe verurteilt. Ging in sich und begann ein ernsthaftes Studium der Ritualmordfrage, dessen Ergebnis er im »Westdeutschen Beobachter« in folgenden »rassewissenschaftlichen« Sätzen niederlegte:

»Es gibt drei Sorten von Aussaugungsjuden. Die erste Kategorie kennt Ihr. Sie sitzt in den Banken und presst die Wirtsvölker wirtschaftlich aus. Auch die zweite Sorte ist allgemein bekannt. Das sind die Juden, die man in Cafés und Bars immer wieder mit blonden deutschen Mädchen sieht. Sie saugen die Geschlechts- und Rasse-Kraft ihres Wirtsvolkes aus und zerstören sie. Darüber hinaus gibt es aber noch eine dritte Sorte Juden. Sie trinken buchstäblich das Blut von Nichtjuden und deren Kindern, nicht aus religiösen Gründen, sondern weil ihr eigenes chaotisches Blut mit Zerfall bedroht ist und sie nur dadurch, dass sie das Blut anderer Völker trinken, sich am Leben erhalten können.«

Der solches formulierte, zog als Hauptdelegierter zur internationalen Arbeitskonferenz nach Genf. Und verließ samt seiner Delegation die Konferenz nach jener – als Motto seiner Biografie – zitierten

Auslassung vor deutschen Journalisten. Selbst seine Bundesgenossen, Italiens faschistische Arbeitervertreter, versagten ihm die Solidarität. Er aber, ruhmgeschwellt, kehrte in die Heimat zurück und befahl sich eine triumphale Siegesfeier im Berliner Lustgarten.

Herr Dr. Ley, im Dritten Reich, am Tag der Besetzung der Arbeiterbank, annektierte das Auto des Bankdirektors Bachem. Und ließ sich aus den Kassen der Arbeiterbank gewaltige Vorschüsse zahlen, die er angeblich für den Aufbau der Arbeitsfront brauchte; doch dieser Vorschuss ward später als »Provision« für die »Heranbringung von Gewerkschaftsgeldern zur Arbeiterbank« verrechnet. Diese »Heranbringung« erfolgte durch eine einfache Anweisung von Ley an die entsprechenden Organisationen.

Am Tage nach »dem Tag der nationalen Arbeit«, an dem der deutsche Arbeiter »standesbewusst zu demonstrieren« hatte, wurden die Gewerkschaftsbüros besetzt, die Gewerkschaftsführer misshandelt und in Konzentrationslager gesteckt.

Im »Völkischen Beobachter« (8./10. Juni) verkündete Ley »grundsätzliche Gedanken über den ständischen Aufbau und die deutsche Arbeitsfront«:

»Der Betriebsrat eines Werkes besteht aus Arbeitern, Angestellten und Unternehmern. Jedoch hat er nur beratende Stimme. Entscheiden kann allein der Unternehmer. Viele der Unternehmer haben jahrelang nach ›dem Herrn im Haus‹ gerufen. Jetzt sollen sie wieder ›Herr im Haus sein‹.«

Herr Dr. phil. Robert Ley fordert die deutschen Arbeiter bei feierlichen Gelegenheiten weiter auf, sich als »Herrenmenschen« zu fühlen.

HEINRICH HIMMLER

Reichsführer der SS, Leiter der Geheimen Staatspolizei aller deutschen Länder außer Preußen, Protektor der Mörder des Dr. Bell.

HEINRICH HIMMLER

»Aus diesen wenigen Schutzstaffeln eine gewaltige und in ihrer Art einzigartig dastehende Organisation entwickelt zu haben, ist Ihr Verdienst. Sie haben damit der nationalsozialistischen Revolution eine blind ergebene Stoßtruppe, dem nationalsozialistischen Staat eine unerschütterliche Garde gegeben, die den Grundgedanken unserer Bewegung in ihrem eigenen Fleisch und Blut verkörpert.«

Hitler, in einem Neujahrsbrief 1934 an Himmler.

Wer heute von dem Gegensatz Göring – Hitler hört, mag glauben, dass dieser sich erst nach der Machtergreifung ausgebildet hat. In Wirklichkeit gibt es in der Geschichte des Nationalsozialismus schon eine Zeit, in welcher der Gegensatz Göring – Hitler die Bewegung entscheidend beeinflusst hat.

Göring war im Jahre 1923 Führer der SA, die damals aus zwei bis drei Standarten, also insgesamt rund 15 000 Mann bestand. Für die damaligen Verhältnisse war eine große Macht in seine Hände gegeben, die er dazu benutzte, Hitlers Stellung als Führer zu untergraben.

Die Intrigen Görings gingen so weit, dass Hitler sich genötigt sah, gegen die SA eine eigene Sonder-Truppe, eine Hitler-Schutz-Truppe zu schaffen. Im August des Jahres 1923 wurde von Leutnant a. D.

Berchthold der Stoßtrupp Hitler gebildet, dessen einziger Zweck der persönliche Schutz Hitlers war. Aus diesem Stoßtrupp sind dann die späteren Schutzstaffeln, die SS, erwachsen.

Die Schutzstaffeln, die Leibgarde Hitlers, wurden aus besonders zuverlässigen Nationalsozialisten formiert, aus Landsknechten, die vor nichts zurückschreckten und an Brutalität die SA noch bei Weitem übertrafen.

Als Gregor Strasser im Jahre 1927 seinen zweiten Aufstieg innerhalb der NSDAP begann und durchführte, war es für ihn selbstverständlich, an die Spitze der SS einen besonders zuverlässigen und ihm ergebenen Mann zu setzen. Seine Wahl fiel auf Himmler, der bis dahin Unterführer einer Schutzstaffel gewesen war und besonderen Grund hatte, Gregor Strasser dankbar zu sein. Parteigenossen hatten Himmler mehrfach und offiziell des Betruges und der Unterschlagung bezichtigt. Gregor Strasser jedoch hat Himmler gegen diese Beschuldigungen gehalten. Himmler hat seine Dankbarkeit auf seine Art bewiesen. Als Gregor Strasser in Ungnade fiel, hat die SS nicht revoltiert; Himmler ging mit fliegenden Fahnen zu Hitler über. Er wurde nach der Machtergreifung mit der Stellung eines Polizeikommandeurs von Bayern und eines Polizeipräsidenten von München belohnt. In seinem Auto, das die Nummer des Münchner Polizeipräsidenten trug, fuhr ein Rollkommando der Nazis über die österreichische Grenze nach Dürrholzen, um dort Dr. Bell »umzulegen«. Im Schutz dieses amtlichen Polizeiautos retteten sich die Mörder nach vollbrachter Tat wiederum nach Deutschland zurück.

Als Reichsführer der SS steht Himmler an der vordersten Front der Kämpfe innerhalb der nationalsozialistischen Partei. Er ist neben Röhm und Göbbels Hitlers wichtigster Mann im Kampf gegen Göring.

Göring hat sich selbst zum Chef der Geheimen Staatspolizei (Gestapo) in Preußen ernannt und sich damit einen neuen, starken Posten gegen Hitler geschaffen. Der Gegenschlag folgte sofort. Der Reichsführer der SS Himmler wird Chef der Geheimen Staatspolizei in Bayern, und Hitler zwingt auch noch andere Länder wie Württemberg, Baden und Hessen, die Leitung ihrer Gestapo in die Hände Himmlers zu legen.

Görings Gestapo hat nicht nur die Aufgabe, die antifaschistische Bewegung inner- und außerhalb Deutschlands zu überwachen, sie bespitzelt auch die eigenen nationalsozialistischen Führer. In seinen Händen sind auch die Dokumente, die Himmlers kriminelle Vergangenheit beweisen.

Himmlers »Geheime« sieht in Göring den natürlichen Gegner, und in den Akten der Gestapo in München gibt es ein besonderes Fach, zu dem nur Himmler allein den Schlüssel besitzt. In diesem Fach sind die Akten »Göring« verwahrt.

DIE PROVINZ-GÖTTER

FRANZ RITTER VON EPP

Reichsstatthalter von Bayern, Teilnehmer der Strafexpeditionen gegen die Hereros, die Münchener Räterepublik und die Ruhrarbeiter.

FRANZ RITTER VON EPP

Die Geschichte des Ritters von Epp ist die Geschichte des deutschen Landsknechtsoffiziers, der an jedem Schauplatz vom Kolonial- bis zum Bürgerkrieg der letzten dreißig Jahre auftaucht. Geboren zwei Jahre vor dem deutsch-französischen Krieg als Sohn eines Kunstmalers der Münchner Boheme. Als 1900 der eitle »Friedenskaiser« am gemeinsamen Feldzug der »zivilisierten Staaten« gegen den Boxeraufstand teilnimmt und Soldaten nach China schickt, ist Epp als Freiwilliger dabei. Schafft sich schon dort einen Ruf wegen seiner Tollkühnheit und Rohheit. Meldet sich, kaum zurückgekehrt, zur deutschen Schutztruppe und nimmt an der grausamsten aller Kolonialexpeditionen teil, der Vernichtung der Hereros.

1914 endlich bietet sich dem Bataillonskommandeur des bayerischen Leibregiments die große Chance: Am Kemelberg im April 1918 verdient er sich durch rücksichtslosesten Einsatz seiner Truppen den Pour le Mérite. Verlässt zunächst in der Republik die Armee. Doch der preußische Kriegsminister Reinhardt beauftragt ihn mit der Bildung eines Freicorps. Bei der Niederwerfung der Räteherrschaft zog Epp in München so siegreich ein wie in China. »Gefangene werden nicht gemacht!«, das war sein Ordnungswort, das die alte Parole Wilhelms »Pardon wird nicht gegeben!« variierte. Die Strafexpedition gegen die Ruhrarbeiter, die die Reichsregierung vor der Kapprebellion gerettet hatten, bringt ihm neue Lorbeeren. Eine andere Erhebung, der Hitlerputsch, hätte fast seine Karriere vernichtet, wäre Epp nicht stets bei aller Verwegenheit ein vorsichtiger Konjunkturist gewesen. Seit 1919 hatte er durch seinen Vertrauten Röhm zur Drexler-Gruppe Fühlung. Er brachte der Keimzelle der NSDAP Reichswehrgelder auf zum Ankauf des »Völkischen Beobachters«. Mit Röhm versuchte er im September 1922, die Reichsregierung zu stürzen; und ließ seinen Untergebenen sofort fallen, als das dilettantisch inszenierte Unternehmen misslang. Röhm und Epp beschimpften sich lange als Verräter – auch das Dritte Reich hat die Rivalität der beiden nicht beseitigen können.

Währenddessen stand Epp hinter seinem Herren Kahr, in dessen Händen damals die Staatsgewalt in Bayern vereinigt war; stand hinter ihm, als Kahr schon gegen Berlin marschieren wollte; stand hinter ihm, als er schwenkte und gegen Hitler zog. Epp übernahm es, die Studentenschaft wieder zur Raison zu bringen.

»Es war mir nicht sehr angenehm«, sagte er später vor Gericht in der Verhandlung über die Putschvorgänge, »in den Streit hineingemischt zu werden, denn da kriegt man nämlich die Keile von beiden Seiten.«

Aber damals gewann er es über sich, die Abordnung der Studenten von Hitler abtrünnig zu machen; der spätere Reichsstatthalter Bayerns im Hitlerregime argumentierte mit Hitlers Wortbruch.

Immerhin war Epp durch alle Taten, durch seinen Opportunismus gerade, so belastet, dass der Reichswehrminister Gessler ihn aus der Armee entfernen musste. Epp versuchte, zur bayerischen Volkspartei überzugehen, als alter Föderalist und königstreuer Mann. »Sie hat die meisten Ressorts zu vergeben!«, sagte er zur Begründung. Und als ihn die Volkspartei nicht nahm, ging Epp, stets sich treu, zur NSDAP. Hier begann der Aufstieg bis zum Chef des »Wehrpolitischen Amts« in der »unmilitärischen« Partei. Nun ist er Statthalter Hitlers in Bayern. Die Reichsstatthalterschaft wird nicht das Ende seiner Karriere sein; in dem

Prozess der Umbildung der Reichswehr, ihrer Verschmelzung mit der Hitlerarmee ist Epp noch zu entscheidenden Stellungen vorgemerkt.

Ihm werden seine Erfahrungen aus den chinesischen und afrikanischen Mordzügen auch weiterhin in der Heimat von großem Nutzen sein.

JULIUS STREICHER

Der Organisator des Judenboykotts
Der Führer der Nürnberger Judenverfolgungen
Der antisemitische Pornograf.

JULIUS STREICHER

»Der Fememordjude ist tot. Es war morgens um 5 Uhr, da machte Paul Levi, der an Grippe erkrankt war, einen Sprung aus seinem Fenster. Das hielt seine Wirbelsäule nicht aus. Sie brach auseinander, und das veranlasste ihn, seinen Talmudgeist aufzugeben. Über die Ursache seines Todes ist man verschiedener Meinung. Die einen sagen, Paul Levi hätte den eigenen Rassegeruch nicht mehr ertragen […].«

Julius Streicher im »*Stürmer*« (16.2.30) über den Tod des sozialdemokratischen Reichstagsabgeordneten und Rechtsanwaltes Dr. Paul Levi.

Es gibt ein Grauen vor Abgründen menschlichen Ungeistes, aus dem man sich in keine Satire mehr flüchten kann. Bliebe nichts an Dokumentarischem erhalten über die Vorgänge und Prozeduren im Dritten Reich, als die Druckerzeugnisse Julius Streichers, Staatskommissars für Franken, Vorsitzenden des Judenboykottkomitees, es würde der Nachwelt genügen, um das Elend der Menschen zu ermessen, die dieses Mannes Rachefantasien ausgeliefert waren. Es würde die Kenntnis seiner Nürnberger Zeitung, des »Stürmers«, seiner eigenen Beiträge, genügen, um zu beweisen, dass ein kranker Erotomane im Auftrag der NSDAP auf die Menschheit losgelassen wurde.

Tag für Tag, seit fast einem Jahrzehnt, unter der Republik so ungestraft wie heute im Dritten Reich, erscheinen im »Stürmer« in der Rubrik »Am Pranger« Aufsätze wie dieser:

»Es gibt immer noch sogenannte deutsche Frauen und Mädchen, die dem Juden willig sind.

Aufklärung allein bringt diese artvergessenen Weiber nicht auf den rechten Weg. Für sie hat der Stürmer ein letztes Mittel hervorgeholt. Er wird künftig Frauenzimmer, die mit Juden verkehren, an den Pranger stellen. In Wort und Bild! [...]

In Nürnberg in der Adlerstraße 31/II hat der Jude Ernst Arnstein, Inhaber der Firma Wellhöfer & Co, Zirndorf, seine feudal eingerichtete Junggesellenwohnung [...]. Eines der artvergessenen Frauenzimmer ist die Inge Manger, Nürnberg, Regensburgerstraße 144/II. Sie besitzt die Frechheit, am Arme des Juden in öffentlichen Lokalen zu erscheinen.

Die 19 Jahre alte Berta Miel, Göppingen, Karlstraße, verkehrt mit dem Juden Riese. Man sieht sie nachts des Öfteren mit dem Juden in dunklen Hausecken stehen. Was ihr und dem Juden passiert, wenn sie nochmals dabei ertappt werden, kann sie sich selbst ausmalen [...].«

Es muten nach solcher Lektüre die Berichte über die Taten des Staatskommissars nicht mehr absonderlich an.

Am 20. Juli im Jahre 1 des Dritten Reichs ließ der Staatskommissar Streicher 250 jüdische Kaufleute verhaften und einige Dutzend dieser Gefangenen durch Misshandlungen zwingen, auf einer Wiese das Gras mit den Zähnen auszurupfen. Damals zwar eilte Hitler im Flugzeug nach Nürnberg; unternahm jedoch nichts gegen diesen Getreuen. Die Londoner »Times« berichteten in einem Telegramm ihres Münchener Korrespondenten vom 17. August:

»Antijüdische Ausschreitungen greifen in Nürnberg immer mehr um sich, und die Stellung der jüdischen Bevölkerung wird unhaltbar.

Am letzten Sonntag wurde ein ›arisches Mädchen‹ von 19 Jahren, die in Begleitung eines Juden war, von SA-Leuten aufgegriffen, die ihr die langen Zöpfe abschnitten und ihr dann den Kopf schoren. Ein Schild, das die Aufschrift trug ›Ich habe mich einem Juden hingegeben‹, wurde um den Nacken des Mädchens gehängt und die Zöpfe wurden daran befestigt. Das Mädchen wurde dann durch die Straßen geschleppt und durch die Kabaretts geführt. In jedem musste sie sich auf die Bühne stellen, wo die SA-Leute den Text des Plakates, untermischt mit obszönen Redensarten, deklamierten. Einige Tage vorher wurden ein Jude und eine Nichtjüdin, die angeblich seine Freundin war, in einem offenen Auto durch die Straßen gefahren, und große Plakate waren ihnen umgehängt mit der Aufschrift: ›Ich habe eine deutsche Frau geschändet!‹, ›Ich habe mich einem Juden hingegeben!‹«

Augenzeugen der Kabarettszene waren Sohn und Tochter des neuen amerikanischen Botschafters Dood in Berlin geworden. Die auf einer Reise Deutschland kennenlernen wollten. Sie lernten es gründlicher kennen, als sie geahnt hatten. Die deutsche Presse verwunderte sich über die Deutschfeindlichkeit des neuen amerikanischen Botschafters in einer seiner ersten Reden.

Ohne das pathologische Moment ließe sich der Entwicklungsgang Streichers nicht erklären. Streicher war Hauptlehrer von Beruf; gehörte vor dem Krieg der Fortschrittspartei an. Parteigenossen beschuldigten ihn, er hätte sich während des Kriegs in nordfranzösischer Etappe schlimme Sexualvergehen zuschulden kommen lassen. Indes im Beleidigungsprozess gelang ein Wahrheitsbeweis nicht. Die Zeugen waren nicht mehr zu ermitteln. Streicher bekannte sich in der Revolutionszeit zur USPD. 1920 kandidierte er zum ersten Mal für die Nationalsozialistische Partei, ohne die genügende Stimmenzahl zu erzielen. Damals intrigierte er gegen Hitler, spekulierte darauf, ihm die Führung der Partei abzujagen. An Unflätigkeit übertraf er stets den

Führer. Auf pornografisch antisemitische Schweinereien, wie man sie selbst in der Nazipresse nicht gekannt hatte, begründete Streicher die Macht seines Blattes »Stürmer«, der Konkurrenzzeitung des Nürnberger Völkischen Blattes, aus dem man den Verhassten hinausgeworfen hatte. So tief war die Empörung in den eigenen Reihen, dass Streicher sich Hitler unterwerfen musste – der hat ihn stets gedeckt. Denn dank so schamlosem Denunziantentum wurde Streicher Nürnbergs Tyrann, wurde der Gau Franken Hitlers bester Wählerkreis. Schon Drexler hatte es schließlich abgelehnt, mit einem solchen Menschen zusammenzuarbeiten. Und der nationalsozialistische Abgeordnete Holzwarth schrieb in der »Deutschen Presse« (21.8.1924) über ihn:

»Streicher und Genossen sind heute die schlimmsten Bonzen, Terroristen und Lügner. Uber Streichers Finanzwirtschaft in der Ortsgruppe Nürnberg, über seine ›selbstlose‹ Tätigkeit als Redner und Agitator will ich heute schweigen, um nicht noch trübere Schlammfluten aufrühren zu müssen. Zusammenfassend nur das eine, dass Herr Streicher in Bezug auf Wahrung seiner persönlichen und Geldbeutel-Belange den Sozibonzen durchaus erfolgreiche Konkurrenz machen kann.« Nach der Angabe einer Reihe schmutziger Frauenaffären, dem Hinweis, dass Streicher dem Führer ehrenwörtlich Besserung versprochen habe, fährt der nationalsozialistische Biograf fort: »Streicher hat es bisher großartig verstanden, die anständigen Elemente aus der Partei hinauszuekeln und sich mit einem Anhang zu umgeben, der geradezu abstoßend wirkte. Von Denkert, Donath angefangen über Bürger, Pressel bis zu seinem heutigen Adlatus Kaufmann Steinberger, mit dessen Auto er ständig fährt und von dem er ganz genau weiß, dass er 16-mal vorbestraft ist, zuletzt 1914 mit 4 ½ Jahren Zuchthaus wegen schweren Einbruchdiebstahls im Rückfall.« Es hat der Karriere dieses Mannes ebenso wenig geschadet, wie die heftigen Anklagen Feders gegen ihn, wie des Polizeipräsidenten Pöhners Ausspruch, er verweigere jeden Verkehr mit ihm, »er setze sich nicht auf einen Dreckhaufen«. Nicht schadete ihm, dass er die Beschuldigungen des Nürnberger Stadtrates Ertl, Streicher sei mit übel beleumdeten Juden nach München gefahren, habe dort wüste Orgien gefeiert, habe in seiner Redaktion an jungen Mädchen sich vergangen – dass er diese und schlimmere Beschuldigungen nie zu widerlegen unternommen hat. 1930 gab ihn der bayerische Landtag zur Strafverfolgung frei; es war von eigenen Parteigenossen gegen ihn schwere Betrugsanzeige erstattet worden. Doch Adolf Hitler, wieder, erzwang von seinen Leuten die Rückziehung der Klage. Sooft die Vorwürfe in der Öffentlichkeit wiederholt wurden, Streicher reagierte nicht. Hielt dann auch bei der Strasser-Krise seinem Führer die Treue. Der ihm im Dritten Reich den Boykott gegen Juda anvertraute.

Adolf Hitler hat sich gerühmt, nichts geschehe in seiner Partei ohne sein Wissen, ohne seinen Willen. Jede gedruckte Zeile geht in Deutschland durch schärfste Zensur. Die Regierung protestiert immer wieder empört gegen die »Verbreiter von Gräuelnachrichten«. Jede einzelne, jede willkürlich herausgegriffene Ausgabe des »Stürmers« ist eine furchtbarere Anklage, als sie die schlimmsten Gegner des Nationalsozialismus ersinnen könnten.

DIE MITGLIEDER DES BAYERISCHEN MINISTERRATS

(stehend:) Röhm, Frank II, Esser, Luber; (sitzend:) Siebert, von Epp, Wagner, Schemm.

»Gleichwohl steht hinter dem Wort [germanische Rasse] ein gewisses Hochbild, die Vorstellung von den alten Germanen, die […] blond, blauäugig, von weißer Hautfarbe und hochgewachsen waren.«

Dr. Rudolf: *Nationalsozialismus und Rassenkunde*, Nationalsozial. Bibliothek/Heft 31.

HERMANN ESSER

»Meine Damen und Herren, der Herr Referent, der Graf Bernstorff, hat gesprochen über die ausländische Politik Deutschlands. Meine Damen und Herren, wissen Sie, was Deutschland für eine ausländische Politik braucht? Überhaupt keine! Das sind meine Worte!«

Hermann Esser, 1919, in einer Münchener Versammlung der Völkerbundsliga.

Zurzeit bayerischer Staatsminister ohne Portefeuille. Defaitistischer Agitator während des Kriegs. Blutjung, nach dem Krieg gründete er einen revolutionären Schülerrat in Kempten (Bayern), forderte im Soldatenrat die Aufhängung der Bourgeois. Er trat als Volontär in eine sozialdemokratische Zeitung ein, wo er durch Fühlung mit Reichswehrkreisen seinen Weg fand. Als Pressereferent beim Gruppenwehrkommando der Reichswehr in München lernte er Adolf Hitler kennen; sie wurden Versammlungskumpane. Esser übernahm in den Kampagnen die gröbere Arbeit, die direkten Denunziationen missliebiger Juden, die Judenhetze im niedrigsten Volkston. Esser darf sich in der Geschichte des Nationalsozialismus rühmen, als Erster Hitler zum »Führer« ausgerufen zu haben, nach einer Versammlung im Zirkus Krone, München. Doch als Ludendorff und Hitler zur Feldherrenhalle marschierten, legte er sich zu Bett; und bei der Nachricht vom Misslingen des Putsches flüchtete er nach Salzburg. Kehrte zurück und gründete mit Streicher und Dr. Dinter die »Großdeutsche Volksgemeinschaft« gegen Strasser und Ludendorff. Und bot der »Frankfurter Zeitung« Material zum Verkauf an gegen die völkische Bewegung.

Es gibt zwei interessante Schilderungen der Persönlichkeit Essers. Gregor Strasser sagte über ihn im Oktober 1924:

»Essers Ausschluss aus der Partei musste erfolgen im Interesse der Reinheit der Partei. Sein unmoralischer Lebenswandel, dabei seine eigennützige und unvölkische Handlungsweise machten ihn zum Mitglied untauglich. Wer, wie Esser, einen Brief seines Führers fälscht, treibt politische Falschmünzerei; seine Kampfweise ist verdächtig, nicht nur seine Liierung mit der Frankfurter Zeitung, auch sein Verhalten am 9. November (Tag des Hitlerputsches) [...].«

Noch schärfer ist folgendes Urteil:

»Ich weiß, dass Esser ein Lump ist, aber stellen Sie mir einen anderen her. Ein eitler und ränkesüchtiger Mensch, dabei feige, ein Lügner und Schwätzer, den man nicht für voll nehmen kann.«

Der so 1923 sprach, war Adolf Hitler.

Esser fand bald wieder seinen Weg in die NSDAP. Der »Lump« bekam im Dritten Reich den ihm zustehenden Ministerposten.

EDMUND HEINES

Polizeipräsident von Breslau, Obergruppenführer der SA, Fememörder.

EDMUND HEINES

Heines: »Ich gebe auch heute zu, dass ich damals nichts anderes tat, als einen Waffenverräter, der damals Waffen an den Feindhund verraten wollte, dorthin zu schicken, wo letzten Endes Landesverräter hingehören.«

32. Tag des Reichstagsbrandprozesses.

Dimitroff: »Weiß der Zeuge, dass in Deutschland viele politische Morde begangen worden sind? Es wurden die kommunistischen Führer Liebknecht und Luxemburg ermordet.«

Minister Göbbels als Zeuge: »Es wäre zweckmäßiger, wenn wir bei Adam und Eva anfingen. Als diese Morde geschahen, existierte unsere Bewegung noch gar nicht […].«

34. Tag des Reichstagsbrandprozesses.

Unter den Städten, die im »erwachenden Deutschland« am schwersten heimgesucht sind, steht Breslau mit an erster Stelle.

Den Schreibtisch des Breslauer Polizeipräsidenten schmückt eine Fotografie der Mörder von Potempa, jener Burschen, die in viehischer Brutalität einen armseligen, harmlosen Arbeiter zu Tode getrampelt hatten, einzig weil er bei dem nationalsozialistischen Gasthofwirt in Ungnade gefallen war. Hitler sandte den »Kameraden von

Potempa«, also Mördern, die nicht einmal ein politisches Motiv für ihr Verbrechen vorschützen konnten, Telegramme seiner Verbundenheit, und Heines, der Führer der schlesischen SA, organisierte Revolten und wohnte mit seiner Garde selbst den Demonstrationen und Verhandlungen bei, um das Gericht unter Druck zu halten. Im Dritten Reich stiegen die Mörder zu nationalen Helden auf, ihr Todesurteil wurde durch Amnestie korrigiert – ihr Bild, umkränzt, schmückt den Schreibtisch des Polizeipräsidenten Heines.

Heines, einer jener Offiziere, die nach der Demobilisierung ihr Kriegshandwerk in einem illegalen Militärverband fortsetzten, war einst wegen »Todschlags« im Mai 1928 zu fünf Jahren Gefängnis verurteilt worden (gegen den auf Todesstrafe lautenden Antrag des Staatsanwalts), doch 1930 schon durch Amnestie freigekommen. Bis ins Jahr 1920 lag diese Tat zurück. Heines, der gegen die bayerische Räterepublik, der im Baltikum und Kapp-Putsch mitgekämpft hatte, kommandierte 22-jährig als besonderer Vertrauensmann bei den »Rossbachern«. Ein Arbeiter Schmidt, der der Arbeitsgemeinschaft der Rossbacher angehörte, war von einem Unteroffizier des Freikorps bezichtigt worden, geheime Waffensendungen der Schutzpolizei verraten zu wollen. Heines mit seinen Leuten holte den Jungarbeiter zum »Verhör« ab, leitete seinen Transport durch den nächtlichen Wald. »Während des Marsches befahl Heines dem Bär, den Schmidt zu erschießen. Als dieser sich weigerte, presste Heines dem Schmidt die Pistole ins Gesicht und drückte zweimal ab.« (Gumbel, »Verräter verfallen der Feme«, Prozessbericht). Das erste Gericht verurteilte Heines wegen Affekthandlung zu 15 Jahren Zuchthaus, da »auch nicht der Schimmer eines Beweises für Schmidts Schuld erbracht worden sei«. Das Reichsgericht hob – wegen einer Formalität – auch dieses Urteil auf; ein neues Schwurgericht kam zu der »Strafe« von 5 Jahren. Alles endete wie fast sämtliche Fememordverfahren. Nach 1 ½ Jahren wurde

Heines gegen eine Kaution von 5000 Mark freigelassen. Zwar wurde Heines für kurze Zeit aus der Partei ausgeschlossen, doch nach der Amnestie wieder aufgenommen, zum SA-Führer zur besonderen Verwendung befördert, von Hitler geehrt. Nach dem Abfall von Stennes betraute man ihn mit der Führung der Berliner SA. Erst eine Rebellion der Truppe, die ihn hinausprügelte, führte zu seiner Versetzung nach Schlesien. Lange fristete er seinen Lebensunterhalt aus dem Verkauf der – einst von seinem Kameraden Rossbach erfundenen – »Braunhemden« als Besitzer des Sportverbands »Schill«.

Als Polizeipräsident Breslaus übt Heines den gefürchtetsten Terror. Als Erster entzog er den Juden die Pässe; leitet eines der berüchtigtsten Konzentrationslager.

Kein Gräuelmärchen, sondern ein Bericht aus der Hugenberg'schen »Nachtausgabe« möge das Bild dieses Mannes noch eindringlicher machen:

»Gestern noch geschlemmt –
heute muss er schippen.«

(Drahtbericht unseres Korrespondenten.)

»Breslau, 23. Juni. Die Einlieferung des in Berlin verhafteten früheren Oberpräsidenten der Provinz Niederschlesien, des Sozialdemokraten Lüdemann, in das Konzentrationslager gestaltete sich zu einem ungewöhnlichen Schauspiel. Tausende nationaler Breslauer, die von der Überführung gehört hatten, bildeten Spalier und brachen in Verwünschungen aus, als Lüdemann vorbeikam. Lüdemann musste, seinen kleinen Koffer in der Hand, den Weg vom Polizeipräsidium zum Konzentrationslager zu Fuß zurücklegen, und zwar in Begleitung von 10 SA-Männern. Bei seinem Vorbeimarsch

am Kaiser-Wilhelm-Denkmal wurde von der Standartenkapelle das Horst-Wessel-Lied gespielt.

Polizeipräsident Heines hielt bei Lüdemanns Ankunft im Konzentrationslager vor den Insassen eine Ansprache, in der er das verbrecherische Treiben dieses sozialdemokratischen Bonzen schilderte. Lüdemann werde demnächst in Begleitung von 5 SA-Leuten nochmals durch das Oberpräsidium, seine frühere Wirkungsstätte, geführt werden [...]. Polizeipräsident Heines wies darauf hin, dass Lüdemann, wie man genau wisse, noch vor Kurzem in Berlin von seiner großen Pension, die er leider immer noch erhalte, geschlemmt hätte. Jetzt werde er wohl von seiner Pension für eine bessere Verpflegung der übrigen Lagerinsassen sorgen. Anschließend musste Lüdemann sofort mit Erdarbeiten beginnen.«

Heines wurde in der bekannten Denkschrift des ermordeten ehemaligen Vorsitzenden der Deutschnationalen Reichstagsfraktion, Oberfohren, als einer der Organisatoren der Reichstagsbrandstiftung genannt. Er ist der Typ des Offiziers in der »Braunen Armee Adolf Hitlers«.

GRAF HELLDORF

Polizeipräsident von Potsdam, Freund des später ermordeten jüdischen Hellsehers Hanussen. Leiter des ersten Pogroms auf dem Kurfürstendamm.

GRAF HELLDORF

Ein kleiner Ostjude namens Herschel Steinschneider hatte es als Wahrsager der guten Berliner Gesellschaft unter dem nordischeren Pseudonym Erik Hanussen zur Berühmtheit gebracht. Als Hellseher produzierte er sich auf allen Varietébühnen Europas – in Berlin besaß er ein sehenswertes Luxusappartement, eigentümlich nicht nur durch die Menge hochmoderner elektrisch beleuchteter Zauberapparate, sondern vor allem durch die Anwesenheit einer ständigen SA-Leibwache. Die verdankte er seiner Freundschaft mit dem Grafen Helldorf – in Hanussens astrologischer »Wochenschau« hatte er dafür lange das Kommen des Führers, allerdings mit wechselnden Daten, vorausgesagt. Noch im Dritten Reich leuchtete sein Stern, Hanussen konnte die Verhaftung zahlreicher ihm Missgünstiger veranlassen. Doch eines Tages fand man in einem Wald von Berlin seine Leiche grauenvoll verstümmelt.

Graf Helldorf war nicht nur sein Freund, sondern auch sein Gläubiger gewesen.

Helldorf begann seine politische Wirksamkeit 1923 beim Stahlhelm als Adjutant des (später »als Judenstämmling entlarvten«) Stahlhelmführers Düsterberg. Durch ihn auch kam er als Abgesandter mit der NSDAP München in Berührung. General von Lossow hat im Ermittlungsverfahren zum Putschprozess gegen Hitler über Helldorf ausgesagt:

»Am 28. Oktober war Oberstleutnant Düsterberg mit seinem jüngeren Begleiter Grafen Helldorf bei mir [...]. Am 8. November war Graf Helldorf bei mir als Abgesandter Düsterbergs. Er berichtete, dass die Dinge in Berlin nicht vom Fleck kämen, und erhielt von mir und dem anwesenden Oberstleutnant von Beerchem unzweideutig unser Missfallen ausgedrückt. Sein Vorschlag, die Dinge ins Rollen zu bringen, dadurch, dass illegale Formationen von Bayern aus nach Thüringen vorgehen sollten, wurde in schroffster Weise abgelehnt. Graf Helldorf verließ ziemlich begossen unser Zimmer.«

Helldorf äußerte sich bei der polizeilichen Vernehmung über seine damalige Rolle:

»Als Angehöriger der Stahlhelm-Gruppe Mitteldeutschland hatte ich Ende Oktober 1923 das Bedürfnis, mich zusammen mit Oberstleutnant Düsterberg in München an Ort und Stelle über die dortigen politischen Verhältnisse zu orientieren. Ich war dann noch ein zweites Mal in München, und zwar allein, am 8. November 1923. Ich ging zuerst zu Ludendorff. Er lud mich ein, mit zu Kahr zu fahren. Ich traf ihn wieder bei Scheubner-Richter. Ludendorff beauftragte mich sodann, sofort nach Berlin zu fahren und den Reichslandbund für die sofortige Entsendung eines Vertreters, der als Wirtschafts-Diktator infrage käme, zu interessieren. Ich bin am 8. November 1923 um 8 Uhr von München nach Halle abgereist.« Vorsichtshalber! Es war nämlich die gleiche Stunde, in der der Hitlerputsch ausbrach!

Die völkische Welle des Frühjahrs 1924 brachte Grafen Helldorf als Vertreter der völkischen Freiheitsbewegung in den Reichstag, dem er von Mai bis Dezember angehörte. Die NSDAP warf ihm damals Mandatsschiebung vor, da vorher vereinbart worden war, dass sein adliger Name nur um seiner Zugkraft willen die völkische Liste zieren, er aber das Mandat nicht annehmen, sondern dem Gauleiter Hinkler abtreten sollte. Die tödliche Feindschaft zwischen den beiden dauert bis heute an.

Helldorf zog sich nach dieser Episode auf sein bei Wolmirstädt gelegenes Rittergut zurück und vertrank es bis zum letzten Halm. Die Kosten der in weiter Umgegend berühmten Festgelage zwangen den Grafen zum Offenbarungseid. Völlig verarmt verdingte er sich in der NSDAP als SA-Führer. Hitler übertrug ihm nach dem Abfall des Hauptmanns Stennes und den erfolglosen Zwischenspielen von Heines und Petersdorf die Führung der Berliner SA. Es war für den adelsstolzen Herren eine bittere Probe. Die alten Unterführer schimpften über die feinen Allüren, empörten sich, dass der Graf Röhms homosexuelle Günstlinge und seine adligen Regimentskameraden bei jeder Beförderung protegierte. Im Spätsommer 1931 gärte es in der ganzen SA Berlins gegen ihn. Unterführer waren beim Führer selbst vorstellig geworden. Helldorfs Karriere wäre zu Ende gewesen, hätte er nicht, auf Anraten des gewandten Dr. Göbbels, jenes erste Kurfürstendammpogrom inszeniert, das die Öffentlichkeit alarmierte. Am 12. September, dem jüdischen Neujahrstag, dirigierte Helldorf 1000 SA-Leute nach dem Kurfürstendamm, der Hauptstraße des Berliner Westens, in deren Nähe eine der größten – von Wilhelm II. eingeweihten – Synagogen Berlins liegt. Die SA zertrümmerte die Cafés, verletzte schwer eine Reihe jüdisch aussehender Passanten, einen Inder, einen deutschnationalen Zahnarzt und die christliche Gattin eines anderen Arztes. Helldorf selbst lenkte die Schlacht von seinem Auto in Begleitung seines Stabschefs Ernst (eines intimen Freunds von Röhm), bejubelt nun von der SA. Insassen eines anderen Autos veranlassten seine Festnahme. Im Schnellgerichtsprozess fungierte der Graf nur noch als Zeuge. Die kurze Untersuchungshaft verschaffte ihm den Glorienschein des Märtyrers. Und damit war alles in bester Ordnung.

Denn das Gericht, vor dem er kühn behauptete, in eine »kommunistische Hungerdemonstration« hineingeraten zu sein, verurteilte ihn in erster Instanz wegen Landfriedensbruchs zu sechs Monaten Gefängnis und 100 Mark Geldstrafe, sprach ihn in der Berufungsinstanz frei.

1932 war er bereits Gruppenführer der Gruppe Berlin-Brandenburg und wurde wieder in den Reichstag gewählt. Nach der Machtergreifung verweigerten ihm die Deutschnationalen den erstrebten Posten des Berliner Polizeipräsidenten. Er war einer der meistbelasteten Männer im Zusammenhang mit dem Reichstagsbrand und der Ermordung Erik Hanussens. Der Graf musste sich mit Potsdam begnügen.

Als im Reichstagsbrandprozess Graf Helldorf als Zeuge auftrat, berichtete die Presse übereinstimmend von einer Szene, die in wenigen Worten das Bild dieses Mannes umreißt:

»Der Holländer [van der Lubbe] rührt sich nicht und betrachtet hartnäckig den Boden. Sein Verteidiger redet ihm zu, dem Vorsitzenden zu gehorchen, aber ohne Erfolg. Es ist außerordentlich peinlich, die Szene zu beobachten. Plötzlich brüllt Helldorf mit Stentorstimme, die uns zeigt, dass er es ausgezeichnet versteht, Rekruten zu drillen: ›Schau mich an! Kopf hoch!‹ Diese Intervention, zweifellos sehr wenig gesetzlich, hat einen seltsamen Effekt. Van der Lubbe fährt auf. Er ist buchstäblich zu Tode erschrocken. Man merkt, dass er schreckliche Angst gewohnt ist und dass er die entsetzlichen Konsequenzen dieser Kommandostimme kennt.«

Ganz Deutschland kennt sie vom Kasernenhof!

PAUL HINKLER

PAUL HINKLER

Volksschullehrer war er. Wurde aufgrund eines Gutachtens der medizinischen Fakultät der Universität Halle wegen »coreatischer [veitstanzähnlicher] Zustände und mangels der zur Ausübung seines Berufes erforderlichen geistigen Fähigkeiten, insbesondere der notwendigen geistigen Sammlungsbereitschaft« aus dem Dienst entlassen. Ein Flugblatt des »nationalsozialistischen Kameradschaftsbundes« in Freyburg a. U. stellte fest, dass Hinkler

- Spargelder von Parteigenossen unterschlagen hat,
- unter dem Namen seiner Frau in Freyburg ein Geschäft betrieb, wobei er seine Lieferanten um größere Beträge prellte,
- für eine nationalsozialistische Weihnachtsfeier gesammelte Gelder unterschlug,
- sich fälschlich als ehemaligen Offizier ausgab und zu Unrecht das E. K. I. [Eiserne Kreuz] anlegte.

Graf Helldorf bezichtigte Hinkler schwerer Mandatsschiebungen.

1931 unterschlug Hinkler in Halle als Gauleiter 20 000 Mark.

Die Münchener Parteizentrale griff ein, berief ihn ab und ersetzte ihn durch den Gauleiter Jordan. Aber Mitglied des preußischen Landtags blieb Hinkler weiter.

Und ist Polizeipräsident von Hagen im Dritten Reich.

SCHEPPMANN

Polizeipräsident von Dortmund
Gruppenführer der SA in Westfalen
In seinem Bereich sind die meisten Erschießungen auf der Flucht vorgekommen.

SCHEPPMANN

Der jetzige Polizeipräsident von Dortmund, Scheppmann, den Göring auf diesen Platz gestellt hat, hat seine Eignung für diese Stellung durch zwei Eigenschaften bewiesen. Brutal und roh bis zum Äußersten, schien er Göring geeignet, über die Arbeiterschaft Dortmunds Polizeigewalt auszuüben. Da Scheppmann schon vor der Machtergreifung in der SA dafür bekannt war, dass er Befehle blind durchführte, konnte Göring annehmen, dass er sich auf seinen Scheppmann auch in Dortmund verlassen könnte. Scheppmann hat Göring nicht enttäuscht. In Dortmund fanden die meisten »Erschießungen auf der Flucht« statt. In Dortmund nahmen die politischen Gefangenen zuerst die Gewohnheit an, »aus den vergitterten Fenstern ihrer Gefängnisse herauszuspringen«. In Dortmund wurde das Vorbild für viele Polizeimaßnahmen geschaffen, die dann die Polizeipräsidenten und SA-Führer im Reich übernahmen.

Im April 1933 hat Scheppmann durch einen Erlass die Polizei »angewiesen«, »ohne vorherige Warnung auf Flugblattverteiler zu schießen«. Er kann sich rühmen, dass sein Befehl durchgeführt wurde. Und in einer Mitteilung vom 11. November zog er stolz die Bilanz:

»WTB. Der Dortmunder Polizeipräsident teilt mit: Der Erlass, dass gegen Flugblattverteiler von der Waffe Gebrauch zu machen ist, wurde heute in Dortmund mit Erfolg durchgeführt. Der 27-jährige

Jakob Zimmermann wurde bei der Verteilung von kommunistischen Flugblättern gefasst und von Polizeibeamten erschossen.«

Diesem »Erfolg« des Polizeipräsidenten Scheppmann, der zugleich SA-Gruppenführer von Westfalen ist, folgte der Lohn auf dem Fuße. Scheppmann wurde zum Sonderbevollmächtigten der SA-Führung für Lippe und Schaumburg ernannt. Auch in diesem kleinen Ländchen wird der »Erfolg« nicht lange auf sich warten lassen.

Wie sagte Noske? »Einer muss der Bluthund sein«. Im Dritten Reich hat jede Provinz ihren Scheppmann.

OBERPRÄSIDENT IN DEN MARKEN WILHELM KUBE

»Der Germane kommt der göttlichen Harmonie am nächsten.«

WILHELM KUBE

»Der Deutsche war immer der beste Organisator der Welt, weil der Germane in seinem ganzen Wesen von allen Völkern der Erde den Gesetzen der göttlichen Harmonie am nächsten kommt. Hier aber kam die seelische Harmonie der deutschen Nation zum Vorschein, jene Harmonie, die die Größten unserer Rasse geahnt und besungen haben, und die durch Adolf Hitler zum ersten Mal gestaltet wurde. Kein Volk der Welt kann uns das nachmachen.«

Leitartikel des P. Wilhelm Kube.

Und auch den Kube wird keiner nachmachen. Und wie die Germanen unter den Völkern der Erde, die Deutschen unter den Germanen, so kommt der Kube unter den Deutschen der göttlichen Harmonie am nächsten. Welche Überwindung muss es diesen Mann gekostet haben, als er sich in der großen Zeit, statt an die Front zu gehen, reklamieren ließ. Aber die Deutsch-Konservative Partei bedurfte seiner, damit er im Hinterland für »vaterländische Aufklärung« sorgte. Ein unruhiger Herr, der die Abwechslung liebt.

Er absolvierte alle vaterländischen Parteien und Parteisekten: von den Konservativen zu den Deutschnationalen, zu den Deutschvölkischen, zur Nationalsozialistischen Freiheitsbewegung, zu den Deutschsozialen, zum Völkisch-Sozialen Block, bis endlich er 1927 in die Hitlerpartei einging. Als Völkisch-Sozialer noch war er der Nazis wütender Bekämpfer gewesen. Hatte er auf seinen Wahlversammlungsplakaten vermerkt: »Juden und Nationalsozialisten ist der Zutritt verboten!« Hatte den »roten« Polizeipräsidenten Grzesinski um Hilfe angefleht gegen die »halbreifen Jungens mit nationalsozialistischem Abzeichen, die – wahrscheinlich auf Veranlassung der Gauleitung Berlin der NSDAP – deutschvölkische Versammlungen zu sprengen versuchen.« Musste später, als Mitglied der Partei »halbreifer Jungens«, wegen Beleidigung des Mannes, den er um Schutz angegangen war, zu 2000 Mark Geldstrafe verurteilt werden.

In der Zeit, da Wilhelm Kube »Hochmeister« des Bismarckordens war – also einen jener Fantasieposten bekleidete, deren es auch in der Weimarer Republik so viele gab – wurde ihm das Schreiben eines Fememörders Grütte-Lehder übermittelt, worin dieser zur Beseitigung des Ministers Severing höflichst um ein Maschinengewehr bat. Wie weit Herr Kube selbst an dieser Beseitigung interessiert war, ließ sich nicht ermitteln. Denn stets wurde in diesen Kreisen die Vollstreckung der Heldentaten den Heloten überantwortet. Ermittelt wurde vom Feme-Untersuchungsausschuss des preußischen Landtags: »Beide [die Abgeordneten Kube und Ahlemann] haben es unterlassen, der Polizei Anzeige zu erstatten und den Minister Severing zu warnen [...]. Trotz Kenntnis des Attentatsbriefes haben Kube und Ahlemann nicht veranlasst, dass dem Grütte-Lehder sein schon vordem von Kube ausgestellter Funktionärsausweis entzogen werde. Kube hat im Gegenteil noch nach Empfang des Briefes einen weiteren Ausweis dem Grütte-Lehder zur Beschaffung der Unterlagen im Falle Müller-Dammers ausgestellt.« Grütte-Lehder ermordete kurz darauf diesen Müller-Dammers. Durch kein Verfahren ist Kube je belästigt worden.

Nun ist er Oberpräsident. Gauleiter der Kurmark. Vorsitzender der preußischen Landtagsfraktion der Nazis, der donnernde Reden mit heldischer Pose halten darf, Autor eines Totila-Dramas, mit dessen Aufführung die Stadt Frankfurt an der Oder bestraft wurde. »Kein Volk kann uns das nachmachen.«

MANFRED VON KILLINGER

Ministerpräsident in Sachsen, früher Vorgesetzter der Erzbergermörder.

MANFRED VON KILLINGER

Minister Göbbels (unter Eid als Zeuge): »Die Ermordung Rathenaus und Erzbergers ist nicht von nationalsozialistischen Kreisen geschehen. Es geht nicht an, Dinge, die sich außerhalb der Bewegung ereignet haben, der Bewegung in die Schuhe zu schieben.«

34. Tag des Reichstagsbrandprozesses.

E*rnstes und Heiteres aus dem Putschleben* ist der Titel des neckischen Buches, in dem der Kapitänleutnant a. D. von Killinger über seine Heldentaten gegen deutsche Arbeiter plaudert. Wenn er von der Auspeitschung eines jungen Mädchens erzählt, die 1919 in die Hände seiner Landsknechte fiel,

»Ein Wink von mir, und die Brigadiers legten die Ziege über eine Wagendeichsel, und nun Schlag an Schlag mit den Pferdepeitschen, bis auf der Rückseite kein weißer Fleck mehr ist! Die schaut keinen Ehrhardtmann mehr an […].«

so gehört das in die Rubrik »Heiteres«. Rühmt er sich aber ernsthaft der Ermordung eines Kommunisten, leitet auf solches Zeugnis hin der Staatsanwalt ein Mordverfahren ein, so war auch das bloß ein Scherz; man hatte nur ein bisschen poetisch geflunkert. Killinger gehört zu jenen Landsknechtsnaturen, die nach dem Krieg, in Ermangelung ausländischer Feinde, sich im Vaterland herumschlugen. Er zog mit der Brigade Ehrhardt, spielte Schatzmeister bei der Organisation Consul, war Vorgesetzter der Erzbergermörder Schulz und Tillessen. Wurde in dieser Affäre des Beistands angeklagt, da bei ihm die Koffer der beiden Mörder mit belastendem Material gefunden worden waren, da er ihre Post empfing und nach dem Mord noch intim mit ihnen verkehrte. Er hatte gegen die bayerische Republik offen gekämpft, den Kapp-Putsch mitgemacht.

»Im Offenburger Gefängnis erhielt er« – wie Professor Gumbel in seinem »Femebuch« mitteilt –»von einer amtlichen Stelle 300 000 Mark für Verpflegungs- und Marschgelder des für Oberschlesien geplanten Regiments Süd. Daraufhin wurde er vom Schwurgericht Offenburg freigesprochen.« Er hatte stets ein seltsames Glück.

Im Prozess des Staatsgerichtshofes gegen die Mordorganisation Consul, der endlich 1924 verhandelt wurde, kam Killinger auf die Anklagebank, wegen »Geheimbündelei«. Nach 5-tägiger, im Wesentlichen geheimer Verhandlung wurde Killinger zu 8 Monaten Gefängnis verurteilt. Aber siehe da, im Jahre 1925 erwies sich, dass Killinger und Genossen sich noch immer völliger Freiheit erfreuten. Auf eine Anfrage erklärte der Reichsjustizminister Franken, dass keiner der Verurteilten in Haft genommen worden sei, da infolge des eingereichten Gnadengesuchs Aussicht bestehe, dass den Verurteilten die Verbüßung der Strafe erlassen werde. Es war wirklich ein heiteres Putschleben.

Die Organisation Consul hatte – als sie nach dem Erzbergermord sich nicht mehr halten konnte – einen der Grundteile zur SA gebildet. Auch der erste.

SA-Führer Klintsch war ein Ehrhardt-Leutnant gewesen. Killinger wurde sein Mitarbeiter. Hitler entsandte Killinger ins sächsische Parlament, obwohl Killinger – wie sein früherer Fraktionskollege Kapitänleutnant von Mücke in einem offenen Briefe mitteilte – »als Führer der Ehrhardt-Brigade Sachsen die NSDAP bekämpft hatte und in einem

Brief an den damaligen sächsischen Innenminister die Ehrhardt-Brigade als eine Stütze der Republik bezeichnet hatte.«

Der Herr von Killinger hat noch häufig solchen Stellungswechsel vorgenommen. Während der Stennes-Meuterei in der NSDAP hielt er zunächst zu Stennes, äußerte, »dass die SA die Münchener Operettendiva endlich wegfegen müsse«. Verließ aber Stennes, als er merkte, dass hinter ihm nur die Meuterer, hinter Hitler hingegen viel »realere« Mächte standen. Im Dritten Reich der »Operettendiva« stieg er so zum sächsischen Ministerpräsidenten auf.

MARTIN MUTSCHMANN

Reichsstatthalter in Sachsen
Fabrikbesitzer, Kriegs- und Inflationsgewinnler.

MARTIN MUTSCHMANN

Dieser Name klingt bloß für norddeutsche Ohren.

So heißt der Provinzonkel aus der Lokalposse. Die Geschichte dieses Mannes könnte man in großen Zügen niederschreiben, ohne sie vorher gelesen zu haben. Wie sein Äußeres jeder große deutsche Karikaturist – ein Th. Th. Heine oder Grosz – aus freier Hand hinzeichnen würde.

Vor dem Krieg ein kaufmännischer Angestellter in einer jüdischen Wäschefabrik, Elsbach & Co. in Herford. »Herr Eisbach, ich habe immer gesagt, die Juden sind die Besten!« Während des Kriegs in Lille. Da macht er sich selbstständig, kauft französisches Garn zu Spottpreisen oder lässt es für sich gleich beschlagnahmen. Sodass er nach dem Krieg gebietet über:

1. Stickereiwerk Brockau
2. Firma Mutschmann & Eisentraut (Plauener Spitzen)
3. Sauerstoffwerk Rössler & Co.

Dass er es nicht noch weiter gebracht hat, daran sind die verfluchten Juden, diese Kriegsschieber, schuld und das Gesindel der roten Marxisten. Im Thüringer Wahlkampf 1932 forderte er daher »den Tag, an dem die Synagogen rauchen«.

Bei dem hatten die Proleten nichts zu lachen. In einem Beleidigungsprozess in Falkenstein wird festgestellt: Mutschmann hat schon

1922 seine Arbeiter untertariflich bezahlt, und zwar 25 Reichsmark statt 47 Reichsmark, 12 Reichsmark statt 30 Reichsmark. Die Gewerkschaften zwangen ihn, die Differenz nachzuzahlen. In den Sauerstoffwerken Rössler 70 Pfennig Stundenlohn bei zwölf Stunden Arbeit für einen Heizer. Bei Mutschmann und Eisentraut verdiente die Heimarbeiterin in sechs Stunden 72 Pfennig. Plätterinnen verdienten statt 47,5 Pfennig laut Tarif nur 45 Pfennig. An Tarife hielt er sich überhaupt nie. Und konnte deswegen dem erwachenden Deutschland 310 000 Reichsmark spendieren, damit dereinst nach § 14 Wucher und Schiebertum mit dem Tode bestraft werden möge.

Drei alte Fräulein erleichterte er um mehr als 20 000 Mark; sie hatten das Geld zur Gründung seiner Parteizeitung »Der Freiheitskämpfer« hergegeben. Als sie gegen solchen Freiheitskampf protestierten, warf er sie wegen »Stänkerei« aus der Partei.

Mutschmann ist jetzt Rayonchef im deutschen Walhall. Das ist in diesem Fall: Reichsstatthalter in Sachsen.

KARL KAUFMANN

Wurde aufgrund eines Ehrengerichtsverfahrens der nationalsozialistischen Partei wegen schwerer Vergehen 1929 von der Gauleitung Rhein-Ruhr abberufen; 1933 zum Reichsstatthalter von Hamburg ernannt.

KARL KAUFMANN

Ein Mann des radikalen Flügels, der Strasser-Richtung, ursprünglich. Als Gauleiter von Rhein-Ruhr entdeckte er den Dr. Göbbels. Im Jahre 1929 sah sich die Parteizentrale in München veranlasst, gegen Karl Kaufmann ein großes Parteigerichtsverfahren einzuleiten, und zwar auf besondere Vollmacht der Leitung »ohne Anhörung Kaufmanns, weil die Beweiskette durch Dokumente lückenlos geschlossen« war. Der Untersuchungs- und Schlichtungsausschuss (Uschla) von Bergisch-Land Niederrhein unter Vorsitz von Rektor Kratz in Remscheid stellte fest:

Karl Kaufmann hatte sich 1924 als Kandidat für den preußischen Landtag aufstellen lassen und, um sich das passive Wahlrecht zu erschleichen, sein Alter in der Geburtsurkunde gefälscht. In drei Fällen ein feierlich gegebenes Ehrenwort gebrochen. Ordensschwindel getrieben, da er, der nie im Krieg gewesen, das E K I, Flieger- und Verwundetenabzeichen trug. Fälschlich und wider besseres Wissen behauptet, mit der Frau des jetzigen Oberpräsidenten von Ostpreußen, Pg. Koch, ein Verhältnis angeknüpft zu haben und von ihr verführt worden zu sein.

Dies war das Urteil der eigenen Partei, die ihn abberief. Um solcher Verdienste willen aber zum Gauleiter von Hamburg beförderte.

Im Dritten Reich endlich ward er Reichsstatthalter der Hansestädte Hamburg und Bremen. Dank langjähriger Kenntnis intimer Parteivorgänge.

Im Dezember 1933 wird bekannt, dass Kaufmann persönlich die grausame Folterung der bei ihrer illegalen Arbeit verhafteten kommunistischen Parteiführer leitet. Der Ordensschwindler als Reichsstatthalter – und der Reichsstatthalter als sadistischer Foltermeister!

BRAUNSCHWEIGER MINISTER KLAGGES

Erfolgreicher Bekämpfer der »christlichen Mitleidsmoral«.

DIETRICH KLAGGES

Doktor Göbbels hat ihn entdeckt, hat den ehemaligen Mittelschuldirektor von Beneckenstein in den Vordergrund der deutschen Innenpolitik manövriert. Klagges war kurz zuvor wegen seiner allzu aufdringlichen nationalsozialistischen Propaganda seines Amtes enthoben worden. Er hatte frühzeitig sich für die völkische Bewegung entschieden und sich damals als völkischer Religionsreformator und Germanisierer des verjudeten Christentums betätigt. In seinem Buch *Das Urevangelium Jesu* wiederholte er Rosenbergs Theorien: Die christliche Mitleidsmoral, die Feindesliebe werden als undeutsch und jüdisch verworfen; das Alte und das Neue Testament werden auf jüdische und germanische Bestandteile analysiert. In diesem Buch, wie in seiner theoretischen »Widerlegung« des Marxismus, präsentiert er die Halbbildung des in der Geschichte der nationalsozialistischen Führer so häufig vertretenen wildgewordenen Oberlehrers. Feder kopierte er in seiner Theorie, die fortschreitende Elektrifizierung, namentlich der Bau von Kleinmotoren, setze der Kapitalkonzentrierung eine Grenze, bedinge, entgegen dem Marxismus, ein Aufblühen der Kleinindustrie und des mittelständischen Handwerks.

Es ist die einzige »Widerlegung« von Marx. – Das Buch enthält keinen Hinweis, dass er seinen Gegner je gelesen habe.

Seinen ersten Ministerposten in Braunschweig verdankte Klagges den internen Parteikämpfen zwischen Göbbels und Gregor Strasser, die sich 1931 die Herrschaft in Norddeutschland streitig machten, Göbbels erreichte, dass statt des Strasser-freundlichen Gauleiters Hildebrandt sein Schwager Granzow den Ministerpräsidententhron von Mecklenburg-Schwerin bestieg und dass in Braunschweig, statt der Strasser-Anhänger Franzen und Groh, Dietrich Klagges zum Innen-, Justiz- und Kultusminister von Göbbels Gnaden aufstieg.

Klagges setzte die Tradition seines parteigenössischen Amtsvorgängers Franzen, die seine deutschnationalen Rivalen »Futterkrippenwirtschaft« nannten, mit gesteigertem Eifer fort. Rechtsstehende Beamtenorganisationen, der deutschnationale Lehrkörper der technischen Hochschule, der reaktionäre Studenten-Ausschuss (Asta), der Braunschweiger Stahlhelm, also alle späteren Verbündeten, tobten in Entrüstung mit schlimmsten Beschuldigungen. Klagges aber verschaffte seinem Reich Weltruhm durch die Einbürgerung Adolf Hitlers. Es war eine erstrangige Regieleistung auf dem nationalsozialistischen Theater, als Klagges im Februar 1932 den Führer aus Braunau zum Regierungsrat an der Braunschweiger Gesandtschaft in Berlin – denn so etwas gab es! – berief. Dies wurde des Führers erste Amtsstellung, seit seine Bestellung zum Hildburghausener Gendarmen missglückt war.

Franzen war von der Partei abberufen worden, weil er gegen die Durchführung von Brünings und Papens Notverordnungen Bedenken hatte. Klagges, mit Billigung der Partei, wandte die gleichen Notverordnungen an, nur noch schärfer als sein Vorgänger. Klagges reinigte den Verwaltungs- und Schulapparat von allen »linksgerichteten Elementen«, so gründlich, dass die Pensionslasten ins Ungeheure stiegen. Die wachsenden Steuern, die rücksichtslose Beschneidung der Gemeindefinanzen, die öffentliche Unsicherheit – die Polizei entmachtet vor der SA, Braunschweig das Asyl der aus Preußen geflüchteten Kommunistenmörder –, die Zerrüttung des Wirtschaftslebens in Klagges' Reich führten zum Resultat, dass Braunschweigs Staatsanleihen unter allen deutschen Länderanleihen notierten. Das Land Braunschweig konnte schließlich eine geplante Anleihe überhaupt nicht mehr unterbringen, Land- und Staatsbank verloren bei Groß- und Privatbanken so jeden Kredit, dass sie nicht einmal mehr kurzfristige Wechsel geben konnten.

Aufgrund all dieser Verdienste blieb Klagges Braunschweiger Staatsminister auch im Dritten Reich.

DR. FEDER

DIPL.-ING. GOTTFRIED FEDER

»Brechung der Zinsknechtschaft ist das Herzstück des Nationalsozialismus [...].«

»Brechung der Zinsknechtschaft ist die stählerne Achse, um die sich alles dreht.«

Gottfried Feder.

Seit seinem fünfunddreißigsten Lebensjahr lässt der fünfzigjährige Dipl.-Ing. Dr. Feder seinen Ruf »Brechung der Zinsknechtschaft« erschallen. 1918 überreichte er zum ersten Mal sein Projekt der bayerischen Regierung, dem »Juden« Eisner, zu treuen Händen. Und wurde natürlich mit Dank abgelehnt. Wo immer ihm eine Möglichkeit schien, seine »Brechung« anzubringen, da tauchte Dr. Feder auf. Und stieß, bescheiden geworden, auf das Grüppchen »Deutsche Arbeiterpartei«, das, unter Drexlers Führung, nach Sturz der Räteregierung in München beim Bier saß. Dort war ein Mann mit einem veritablen Wirtschaftsprogramm willkommen. Es schien nicht ganz neu, sein Programm: Der Staat als Obereigentümer von Grund und Boden – das römische Recht ersetzt durch ein deutsches Recht – Verstaatlichung der Banken – Ablösung des ewigen Zinses durch einen Tilgungsdienst. Ja, und die Juden sollen nicht mehr Führer, Richter und Lehrer sein. Doch Vertreter in die Parlamente entsenden dürfen sie noch. Dies für die Zukunft. Für die Gegenwart erklärte er: »Da sich diese im Rahmen der Forderungen der anderen Linksparteien halten, brauchen sie hier nicht aufgeführt zu werden«. Ein bescheidener Mann. Aber als Hitler zum ersten Mal einem Vortrag Feders über das Thema »Brechung der Zinsknechtschaft« beiwohnte, glaubte er, eine Offenbarung zu hören. Und übernahm sie sofort, wie er es immer tat.

»Zum ersten Mal in meinem Leben vernahm ich eine prinzipielle Auseinandersetzung mit dem internationalen Börsen- und Leihkapital. Nachdem ich den ersten Vortrag Feders angehört hatte, zuckte mir auch sofort der Gedanke durch den Kopf, nun den Weg zu einer wesentlichen, einer der wesentlichsten Voraussetzungen zur Gründung einer neuen Partei gefunden zu haben.« (*Mein Kampf*).

Im Münchener Hofbräuhaus im Februar 1920 trug Hitler der Versammlung die 25 Punkte vor, die er mit Dr. Feder und Drexler ausgearbeitet hatte. Dann erschien am 9. November 1923 in Münchens Straßen folgende Bekanntmachung:

> *»Bis zur gesetzlichen Regelung des gesamten Geld- und Kreditwesens werden alle Banken und sonstigen Geldinstitute ihres privatrechtlichen und privatwirtschaftlichen Charakters entkleidet und unter Staatsaufsicht gestellt. Jede Veränderung oder Versicherung der Vermögensbestände wird bestraft.«*
>
> das Finanzkomitee
> gez.: Dr. Feder.

Vorsichtshalber forderte Dr. Feder am Tage zuvor, um 4 Uhr 30 nachmittags, von seinem Bankhaus Schneider und Münsing die Aushändigung seines gesamten Depots. Er hat sich später entschuldigt, es habe sich um lächerliche Beträge gehandelt; die sich aber doch auf einen Aktienwert von 36 800 Mark beliefen.

Die erste Ausgabe der Brechung schloss noch mit dem Ruf: »Proletarier aller Länder vereinigt Euch!«

Dieser Satz, der nicht ganz des Dr. Feder geistiges Eigentum war, verschwand in den folgenden Ausgaben. Feder, in seiner angeborenen Bescheidenheit, strich mit einem Federstrich von jeder Auflage Forderung um Forderung. Er strich das Bekenntnis zu Südtirol. Er strich alle Bemerkungen gegen das Unternehmertum. Obwohl schon in seinen 25 Punkten nichts Umwälzendes stand, weil überhaupt nichts darin stand. Die Zinsknechtschaft zum Beispiel wollte er gar nicht abschaffen, wollte sie nur brechen. Statt der Zinsen Obligationen und Hypotheken; und Darlehen auf Waren und Arbeitskraft. Keine Inflation; aber Ausgabe von Staatskassengutscheinen. Zusatzgeld, aufgrund der Kreditbewilligung durch die Volksvertretung. Im nationalsozialistischen Agrarprogramm bleibt der Zins erhalten. Nur: »Der weiteren Verschuldung der Landwirtschaft muss Einhalt geboten werden durch gesetzliche Herabsetzung des Zinsfußes für das Leihkapital auf das Maß der Vorkriegszeit«. Umso wilder tat der Feder in der Rassenpolitik, auch das freilich mit Konzessionen: »Trotzdem wäre es nicht so schlimm, wenn einmal ein Enver Pascha oder ein Tschangkaitschek in Deutschland Ordnung schüfe, als dass ein Jude seinen zerstörenden Rasse-Eigenschaften in Deutschland freien Lauf lässt.«

Obwohl Dr. Feder dann noch die Formel vom »raffenden und schaffenden« Kapital fand – das Erste war das jüdische, das Zweite das arische – wurde er bei Strassers Sturz kaltgestellt. Im Dritten Reich saß er im Hintergrund als Erster Vorsitzender des Reichsbundes deutscher Technik. Erst als Hugenberg durch Dr. Schmitt ersetzt wurde, holte man, um die Ernennung eines hochkapitalistischen Generaldirektors vor der Öffentlichkeit zu kompensieren, den alten »Brecher« aus dem Garderobenfundus. Er wurde Staatssekretär im Reichswirtschaftsministerium. Und hat bisher nicht sehr gestört. Bescheiden ertrug er die Rüge gegen jene »Leute, die nur Unruhe verbreiten durch die vielen theoretischen Diskussionen über Fragen wie zwangsweise Herabsetzung des Zinsfußes und Gott weiß was alles.«

Klein und hässlich erklärte er schließlich am 7. Juli 1933 (»Deutsche Wochenschau«): »Ich lehne jeden Sozialisierungsversuch ab, weil jedes Sozialisierungsexperiment die Gefahr in sich birgt, das schöpferische Element, das ist die Persönlichkeit, aus dem Wirtschaftsprozess auszuschalten.« Gottfried Feder heimst nebenbei, als Herausgeber der mit riesigen Inseraten gefütterten offiziellen Technikerzeitschrift, noch einen respektablen Profit ein.

Nicht die Zinsknechtschaft, aber wieder einmal eine der großen Versprechungen, die Millionen Wähler geködert hatten, war gebrochen.

DIE HEROEN

ALBERT LEO SCHLAGETER

»Der erste Soldat des Dritten Reichs«.

ALBERT LEO SCHLAGETER HORST WESSEL

Aus der Hölle des Kriegs, aus dem Geldtaumel der Inflation sah Deutschlands bürgerliche Jugend keinen Ausweg. In Hitlers Programm standen viele Worte, scheinbar revolutionären Inhalts; aber die Umsturzinstinkte wurden auf andere Objekte abgelenkt: auf die Schuld der Juden, auf die Erbfeindschaft Frankreichs. Wie stark trotzdem der Trieb zur sozialen Neuordnung in einem Teil von Hitlers Gefolgschaft war, zeigte die Strasser-Richtung und die Stennes-Revolte. Es hat gewiss in den SA-Truppen viele gegeben, die fest glaubten, ihr Leben für eine Arbeiterpartei zu opfern. Dass die nationalsozialistische Bewegung ihre Helden feiert, ist natürlich. Aber wen sie zum Helden erhoben hat, durch wen sie den Opfersinn ihrer Anhänger versinnbildlicht, das wird zum Symbol für die ganze Bewegung.

Fackelfanale umlodern Monumente, die an Ausmaßen noch die Kriegsdenkmäler übertreffen. Kinder schwören davor: »Wir wollen werden wie Leo Schlageter!« Schlageter-Museen, Schlageter-Groß-Filme, Schlageter-Dramen, deren Monopol des Dritten Reichs Spitzendichter Hanns Johst innehat. Der Mann, dessen Person die Geschichtsschreibung des Dritten Reichs zu einem Vertreter deutschen Heldengeistes umgefälscht hat, der der Jugend zum Vorbild aufgezwungen wird, ist durch seine authentische Wirksamkeit den Führern allzu bekannt, als dass man ihnen guten Glauben zubilligen könnte. Nicht gegen ihn, der mit seinem Tod gebüßt hat, kann sich die Kritik richten, sondern einzig gegen jene, die bewusst vor der Welt, vor dem eigenen Volk einen Kult mit einem ganz unheroischen Deklassierten treiben. Was der Heros des Dritten Reichs gewesen ist, das hat er selber ausgesagt.

Albert Leo Schlageter war der Typus einer Generationsgattung, die aus dem Landsknechtsdasein des Kriegs zu keiner Existenz im Bürgertum zurückfand, die ein zweideutiges Abenteuer der Proletarisierung vorzog. In den Freikorps konnte man, gefahrloser als im Krieg, seinen alten Gewohnheiten des Umherziehens, des Soldatenspielens, weiter frönen, man konnte sich versorgt fühlen, ohne zu arbeiten. Man war etwas Besseres als der Zivilist; und schweigend geduldet, ja, auch indirekt bezahlt von, der Regierung.

Die Gruppe Hauenstein, zu der Schlageter sich gemeldet hatte, und die in Oberschlesien ihr Wesen trieb, hat nach Aussage ihres Führers an die 200 Fememorde begangen. (Aussage Hauenstein im Prozess April 1928). Nach der Liquidierung dieser Truppe wandte sich Schlageter nach Danzig. Dort soll er dem polnischen Hauptmann Dubitsch seine Dienste und Informationen über die deutschen Freikorps angeboten haben. Ein polnisches Blatt, das vor Schlageters Doppelspiel warnte, setzte seiner dortigen Tätigkeit ein Ende. Er hatte sich schon mehrmals vorher erfolglos als Kaufmann versucht. Nun, aufgrund seiner alten Verbindungen, errichtete er in Berlin eine »Export und Import GmbH«, eines jener typischen Inflationsunternehmen, das hauptsächlich Waffenhandel tarnte. Und einem der typischen »Luftgeschäfte« fiel er auch zum Opfer; einem Caféhauskellner und einem falschen Major vertraute er 5 Millionen Papier-Mark an zum Ankauf eines Waffenlagers und verlor das letzte erborgte Geld. Für Schlageter wie für alle Seinesgleichen wurde die Ruhrinvasion die letzte Rettung. Jenes wüste Getriebe internationaler Schiebergeschäfte, die in Stinnes ihren höchsten Exponenten gefunden hatten, gab tausend Möglichkeiten, sich zu sanieren. Was den Leo Schlageter an die Ruhr lockte, steht in einem deutschen Gerichtsurteil, das gegen den waffenschiebenden Major gefällt wurde:

»Schlageter war infolge dieser Unterschlagung gezwungen, einen gefährlichen, aber gut bezahlten Posten im Ruhrgebiet anzunehmen, wo er ums Leben gekommen ist.«

Im Ruhrgebiet bestanden damals jene Sabotagegruppen, deren Mitglieder mit 18 000 Papier-Mark täglich bezahlt wurden. Hohe Prämien waren außerdem für jedes geglückte Attentat ausgesetzt. Aus den Kreisen der Schwerindustrie flossen die Subventionen zur Organisierung der passiven Resistenz. Die eine Gruppe erhielt Schlageter, die andere wurde von dem Fememörder Hayn geleitet, der heute Stabsführer der Gruppe Schlesien ist. (Wie so viele Führer des heutigen Regimes kommt auch er aus den Reihen der Feme und der Freicorps.)

In einem – nun allen deutschen Bühnen auferlegten – Schlageter-Drama des Herrn Johst versucht ein sozialdemokratischer Abgeordneter namens Schneider vergeblich, seinen Neffen, der zur Schlageter-Gruppe gehört, zu überreden, die Namen der Mitverschworenen zu denunzieren.

In der Wirklichkeit ist ein solche Denunziation geschehen. Nicht nur Schlageter wurde von einem Mitglied aus den eigenen Kreisen verraten, er selbst hat – wie das erste und zweite Vernehmungsprotokoll der französischen Ruhrpolizei beweist – Namen seiner Mitglieder den französischen Behörden angegeben.

Erstes Vernehmungsprotokoll:

> *»Ich heiße Schlageter (Albert Leo), Sohn des Joseph Schlageter und der Rosa Metzger, am 12. August 1894 in Schönau (Baden) geboren, unverheiratet, wohnhaft in Berlin,*

W. 9, Linkstraße 15. Eigentümer der süddeutschen Export- und Import GmbH. Kaufmann.

Ich war Student der Staatswissenschaften; ich habe mich im Jahre 1914 freiwillig zum 76. Feld-Artillerie-Regiment gemeldet. Ich wurde 1916 zum Leutnant befördert. Ich bin während des ganzen Kriegs und bis zum Jahr 1920 als aktiver Offizier in der Armee geblieben; von 1919 an in der dritten Marine-Brigade.

Ich wurde später Mitglied der Brigade Loewenfeld, mit der ich am Kapp-Putsch teilgenommen habe. Die Brigade Loewenfeld wurde im Jahre 1920 aufgelöst. Im Jahre 1921 ging ich nach Oberschlesien, wo ich als Kompagnie-Kommandant der Brigade Heinz angehört habe.

Im Oktober 1922 wurde die Organisation Heinz neu gebildet.

Ende Februar 1923 besuchte mich Heinz und bat mich, zu seiner Unterstützung ins Ruhrgebiet zu kommen. Er sagte mir, die hauptsächlichen Ziele seiner Organisation seien Sabotageakte, um die Ruhrbesetzung zu stören und die Organisierung eines politischen Spionagedienstes, der später in eine Abteilung für militärische Spionage und allgemeine Überwachung umgewandelt würde.«

Frage: »Wann kamen Sie ins Ruhrrevier und was haben Sie seit Ihrer Ankunft in Essen getan?«

Antwort: »Ich kam Anfang März 1923 in Elberfeld an. Ich habe mich drei Tage bei Heinz in Elberfeld aufgehalten. Heinz schickte mich nach Essen, um mit den Mitgliedern der Organisation Fühlung zu nehmen und die Tätigkeit der Gruppe zu kontrollieren. Nach zwei Tagen kehrte ich nach Elberfeld zurück. Ich hatte mit Sadowsky, der in Essen wohnt, Fühlung genommen. Unser Treffpunkt war im Allgemeinen um 11 Uhr das Café Derendorf. Wir waren 24 Mitglieder. Wir haben zwei Gruppen gebildet: erstens die Gruppe Schlageter, deren Führer ich war; zweitens eine Gruppe Hayn, die gleichfalls nach ihrem Führer hieß; Letzterer ist seither aus unserer Organisation ausgeschieden und in seine Heimat nach Liegnitz zurückgekehrt. Ich habe dann die Leitung der ganzen Organisation übernommen, deren Arbeit darin bestand, besondere Aufträge und Sabotageakte durchzuführen. Meine Gruppe war mit Sabotageakten auf den westlichen Eisenbahnstrecken Düsseldorf–Duisburg betraut. Die Gruppe Hayn sollte die Sabotage im Osten von Duisburg bei Calcum und Oberhausen durchführen.

»Ich habe Sabotageakte organisiert und an ihnen teilgenommen. Meine Tätigkeit bestand in der Überwachung der Züge, der Eisenbahnlinien, der Ausforschung von Sabotagemöglichkeiten, in der Bezeichnung von Punkten, an denen sich Sprengungen und wenn möglich Sprengungen von Brücken am leichtesten durchführen ließen.

Ich erstattete an Heinz Bericht. Gelegentlich eines Berichtes beauftragte mich Heinz, die Brücke im Süden von Calcum sprengen zu lassen.

Die Ladung, die zwischen zwei Brückenpfeiler gelegt wurde, um wenigstens einen davon zu zerstören, ergab nicht das erwartete Resultat. Wir waren zu viert: König, Krause, Federer und ich. König und ich haben den Sprengstoff gelegt; Krause und König haben die Zündschnur angebrannt.

Ich gab Befehl, die Explosion, die erst zwanzig Minuten später erfolgte, nicht abzuwarten, Wir kehrten sofort, nachdem die Zündschnur angebrannt war, nach Essen zurück.

Am 12. März 1932 gab ich Befehl, die Schienen bei Stadtwald zu sprengen. Dies wurde von Krause, König, Werner, Federer oder wohl Sadowsky erledigt. Ich habe König und Krause mit der Ausführung dieses Befehls beauftragt. Ein gewisser Böhm hat den Sprengstoff gebracht, angelegt und angezündet. Böhm ist unmittelbar danach nach Berlin gereist.

Nach jeder Operation wurde ein mündlicher Rechenschaftsbericht an Heinz erstattet. Heinz hat mir erzählt, dass Sadowsky auf seinen Befehl einen deutschen Spitzel getötet hätte. Eines Tages schickte mir Heinz 11 000 Mark nach Elberfeld, die ich an Sadowsky weitergeben sollte.

Jeder von unseren Leuten bezieht täglich ein Gehalt von 18 000 Mark, außer den Reisespesen. Das Geld kommt aus Berlin von der Schwerindustrie.

Heinz hat mir den Befehl gegeben, mit dem Grafen von Beisel, der in Essen wohnt, in ständiger Fühlung zu bleiben und ihm über alles Rechenschaft abzulegen. Graf von Beisel hat mir durch Heinz sagen lassen, dass wir keine Sabotageakte in der näheren Umgebung der Stadt durchführen sollten, um Schwierigkeiten zwischen den angesehenen Bürgern und den Franzosen zu vermeiden.

Jeder von unseren Leuten besaß einen Revolver und Handgranaten (frühere Waffen der Organisation Heinz, die in Neiße von den deutschen Behörden beschlagnahmt worden waren). Die Sprengstoffe kommen aus Berlin und werden durch einen Spezialkurier von Heinz befördert.

Die in meinem Besitz gefundenen Sprengstoffe befanden sich schon vor meiner Ankunft in Essen.

Die Aufträge, die ich von Heinz bekommen habe, bezogen sich auf die Überwachung der Deutschen, die des Einverständnisses mit den Franzosen verdächtig waren, speziell auf die Überwachung von Polizeibeamten, deren Fotografien ich beschaffen sollte. Ferner hatte ich die Angehörigen des Generalstabes und ihre Quartiere zu überwachen und zu kontrollieren, ob die Generalstäbler bei den Truppen waren, ob die Soldaten und die Offiziere getrennt untergebracht waren, in Privatquartieren etc.

Bei der Explosion im Stadtwaldhügel war ich nicht zugegen; ich, Krause, Federer, König hatten jeder zwei Pakete mit Sprengstoff; Graf von Beisel war über diese Vorgänge auf dem Laufenden. Lorentzen stellte die Agenten, die mit Beobachtungen beauftragt wurden. Beunker, Geheimagent in Bottrop, gab uns nach den Mitteilungen meines Agenten Becker Auskunft.«

Gelesen, genehmigt, unterzeichnet
Gez.: Schlageter
Gez.: Le commissaire spécial

Zweites Vernehmungsprotokoll:

Frage: »Wer war Ihr Chef und welche Instruktionen hatten Sie für Ihr Vorgehen von ihm erhalten? Was war das Ziel und das Motiv Ihrer Handlungsweise?«

Antwort: »Ich glaube und ich vermute, dass Herr von der Osten, ein Beamter des ›Nachrichtendienstes‹ im Berliner Auswärtigen Amt, der verantwortliche Leiter ist. Aber ich habe ihn nicht näher gekannt und keine direkte Verbindung mit ihm unterhalten. Mein unmittelbarer Chef ist Heinz, der mich einmal, wenige Tage, bevor ich ins Ruhrgebiet kam, Herrn von der Osten vorgestellt hat.

Heinz hat in Elberfeld in verschiedenen Hotels gewohnt. Er kam mehrfach, soviel ich weiß, unter seinem richtigen Namen nach Essen. Sein richtiger Name ist Hauenstein (Heinz Oskar), er ist 25 bis 26 Jahre alt.

Die aktiven Mitglieder, die noch meinem Befehl unterstanden und die in letzter Zeit gemeinsam mit mir gearbeitet haben, waren die bereits Angeführten: Krause, der einen Ausweis auf den Namen Bolling besitzt; Becker oder Bühring, dessen wirklichen Namen ich nicht kenne; Sadowsky, der seinen richtigen Namen führt und der als Chef der Gruppe mein Vorgänger war; Federer, der seinen richtigen Namen führt und der aus Bayern stammen muss.

Die erwähnten Werner, Hayn, Hartmann, Pantke, Krohn, Maschineck, Nohabika sind bereits nach Hause gereist und haben nichts mehr mit der Organisation zu tun. Andere, deren Namen mir entfallen sind, sind gleichfalls im Augenblick meiner Ankunft oder kurz danach abgereist.

Was ich getan habe, habe ich getan, weil ich bei meinen Geschäften große Verluste hatte; einmal habe ich 5 Millionen verloren. Damals habe ich mir gesagt: ›Ach, lass die Geschäfte und such dir etwas anderes!‹ Ich bin dann mehrfach in Berlin von Heinz besucht worden, der mich aufgefordert hat, mit ihm zu kommen. Anfangs habe ich mehrmals abgelehnt, und dann habe ich mich bereit erklärt, Leiter der Gruppe zu werden.

Geld bekam ich direkt von Heinz, aber ich habe niemals gewusst, woher die Gelder stammten. Ich bekam genaue Instruktionen für die Verwendung der Fonds, die mir zur Verfügung standen; Prämien waren mir für bestimmte Operationen im Fall eines Erfolges zugesagt worden.«

Gelesen, genehmigt und unterzeichnet; in deutscher Übersetzung vorgelesen durch Inspektor […] als Dolmetscher.

Gez.: Schlageter
Gez.: Le commissaire spécial

Schlageter wurde anlässlich seines zehnten Todestags von der nationalsozialistischen Presse als der »erste Soldat des Dritten Reichs« gefeiert.

*

Wie Hanns Johst – einst Autor linksgerichteter Dramatik – mit den Alleinrechten auf die Verarbeitung Schlageters vom Führer geehrt worden war, so wurde ein bürgerlicher Autor und Verfasser halbpornografischer Romane, – früher Liebling der guten Gesellschaft und der Provinzleihbibliotheken – Hanns Heinz Ewers, vom Führer berufen, das Leben Horst Wessels zu schreiben.

Auch das Schicksal Horst Wessels ist – nach dem eigenen Willen der nationalsozialistischen Propaganda – symbolisch für das Heldenprinzip des Dritten Reichs. Seinen Namen trägt das Kampflied der SA.

»Einst kommt der Tag, da gibt's Vergeltung.
Kein Vergeben, wenn Heil und Sieg durchs Vaterland erschallt.«

So die Endzeile, nur bei »besonders feierlichen Anlässen zu singen«.

Auch Horst Wessel gehörte den Kreisen entwurzelter Jugendlicher des Bürgertums an. Er war mit Soldatenspielen aufgewachsen, ohne väterliche Aufsicht; sein Vater war im Feld als Kriegspfarrer und starb, als Wessel fast noch ein Kind war. Der junge Mensch, ausersehen zur akademischen Laufbahn, mitten im Inflations-Berlin, schreckte vor dem »Unfug des Lernens«, vor der Sinnlosigkeit eines Studiums zurück. Ihn reizte die Romantik der Unterwelt, die in ihrer Mischung

HORST WESSEL

halbkrimineller und halbpolitischer Spannung die Umgegend des Alexanderplatzes erfüllte. Jene Unterwelt, die sich dank Dr. Göbbels nun endlich in Uniform betätigen konnte. Auf die Strafexpeditionen seiner Getreuen gegen die Arbeiterhäuser, auf die Überfälle von Passanten sang Dr. Göbbels Lokalbericht-Hymnen im Bardenstil.

Dem jungen Wessel schwindelte der Kopf. Hier fand er die Freiheit von der gutbürgerlichen Strenge;

hier konnte er Held spielen, wie er im vaterländischen Unterricht gelernt hatte; hier konnte er sich lossagen von der bedrückenden Moral einer Pfarrersfamilie. Horst Wessel wollte sich austoben; aber es gab keine Schranken mehr. Er sah die SA marschieren; und es riss ihn fort. Er sah die Sorglosigkeit der Unterwelt; und ebenso haltlos knüpfte er dort seine Beziehungen, machte sich zum Zuhälter eines Mädchens. Er rückte zum Führer eines Sturms auf, der heimtückisch unter Arbeitern wütete. Er ließ sich von einer Prostituierten ernähren und wusste, dass die Zuhälter hinter ihm her waren. Er überfiel mit seinen Leuten kommunistische Arbeiter und wusste, dass die Arbeiter ihm Rache schworen. Bis er der Rache eines Zuhälters, Ali Höhler, zum Opfer fiel. Höhler verstand, als er diese ganz gewöhnliche private Unterweltstat vollzogen hatte, die Situation zu nutzen. Er spielte sich als »politischer Räuber« auf, flüchtete nach Prag, wurde dort ergriffen und ausgeliefert.

Es war für den pathetischen Dr. Göbbels die beste Gelegenheit, Propaganda für seine SA zu treiben. Göbbels bedurfte eines Helden, dessen Taten die der Hitlergefolgschaft überstrahlte. So entstand der Wessel-Mythos.

Horst Wessel wurde von Ali Höhler, der vor ihm der Zuhälter von Wessels Freundin gewesen war, erschossen. Vielleicht spürte es Hitler, als er den Verfasser pornografischer Schriften, Ewers, veranlasste, sich des Wessel-Stoffs für einen Roman zu bemächtigen. In diesem Milieu fand Ewers reichlich Gelegenheit, seine Spezialitäten anzubringen.

Sein Wessel-Roman, trotz aller Heroisierung, wurde eine handfeste, zotige Schilderung des Zuhältertums, eine Fortsetzung seines viel gelesenen Dirnenromans *Alraune*. Ewers behauptet, aufgrund intensiver Aktenstudien gearbeitet zu haben. Horst Wessels Geliebte zeichnet er als »ehemalige Kommunistin«, da »Moskau sich mit Vorliebe solcher Elemente bediene«. Doch dann gibt er selbst zu, Wessel habe die Freundin zum Spitzel in kommunistischen Kreisen ausgebildet.

Unter Görings Protektorat, unter Ewers' künstlerischer Leitung, wurde der Horst-Wessel-Film mit riesigem Aufwand gedreht. Die Ostjuden des Berliner Judenviertels wurden zusammengetrieben und gezwungen »Nieder mit Hitler!« zu brüllen, um ein authentisches Lokalkolorit zu liefern. Aber der Film brachte Ewers nur Undank und Ungnade – kurz vor der Aufführung wurde das Kunstwerk von Göbbels untersagt, als Rache für die Schwierigkeiten; denen Göbbels' Theaterpläne in Görings Reich, in Preußen, begegneten. Aber da die Filmindustrie auch im Dritten Reich das Geld, das sie in Filme investiert, zurückhaben will, wurde Göbbels gezwungen, den Film freizugeben.

Auf der Strecke blieb der frische Überläufer, der alte Ewers.

*

Ein käuflicher Verräter und ein Zuhälter sind die großen Heroen des Dritten Reichs.

DAS STERBEZIMMER HORST WESSELS,
DAS GEBURTSZIMMER EINER LEGENDE.

BETROGENE BETRÜGER

REICHSPRÄSIDENT VON HINDENBURG BEGRÜSST DEN REICHSKANZLER HITLER

»Wer Hindenburg wählt, schlägt Hitler!«

Sozialdemokratisches Wahlplakat.

DIE BEIDEN HINDENBURGS

Als im März 1930 der Reichspräsident Herr von Hindenburg seine Unterschrift unter den Youngplan setzte, schrieb im »Völkischen Beobachter« Alfred Rosenberg:

»Wir stellen ohne jede Sentimentalität fest, dass der Reichspräsident von Hindenburg Abschied von Deutschland genommen und sich für die Youngkolonie entschieden hat. Deshalb hat das erwachende Deutschland Abschied von ihm genommen«.

Der Abschied war nicht endgültig. Wie alles Wesentliche, so hat das Braune Haus auch seine Beziehungen zum Haus Hindenburg immer wieder korrigiert. Im Wahlgang März 1932 um die Reichspräsidentschaft ist der »treue Diener Wilhelms II.«, der Generalfeldmarschall der »letzte Hort der Republik«. In der Weihnacht, in der man fiebernd die Resultate erwartete, gab die Hitlerpartei als Parole für einen eventuellen Sieg aus: »Großmutter gestorben!«

Der Oberst Oskar von Hindenburg sorgte dafür, dass der »Führer« mit der nicht gestorbenen Großmutter bald wieder verhandelte. Hindenburg hatte das SA-Verbot aufgehoben. Im August 1932 stand Hitler wieder vor dem Reichspräsidenten und musste ihm versprechen, das Kabinett Papen zu tolerieren. Schon am nächsten Tage griff die nationalsozialistische Presse am schärfsten von allen Papen an.

Aber das Spiel vor den Kulissen war nur eine Ablenkung von den Beschlüssen der wirklichen Spielleiter hinter den Kulissen.

Sooft die Personen auf der politischen Bühne auch ausgewechselt wurden, von der Gründung des ersten Reichs bis zur Gründung des Dritten hat sich an den Machthabern nicht viel geändert. Es sind dieselben Namen, die mit der Trustbildung der Gründerjahre, mit Weltkrieg, Ruhrkampf, Inflation, Rationalisierung, Krise und schließlich mit Hitlers Machtantritt eng verbunden sind.

Und auf der anderen Seite die gleichen Machtgruppen: Junkertum und Militär, die alle Systeme überdauern.

Und wenn vielleicht noch Divergenzen bestanden zwischen Reichswehrministerium und Nationalsozialismus, so wurden sie überbrückt, als Herr von Hindenburg, der Vertreter des Militarismus, auch zum Vertreter des Junkertums wurde.

In diese zweitgenannte Kaste ist der greise Reichspräsident, der seinem Kaiser und Herrn die Treue geschworen, der der Republik die Treue geschworen, der Adolf Hitler berief, erst im biblischen Alter einverleibt worden.

Die Geschichte von Hitlers Endsieg ist nicht zuletzt die Geschichte des Gutes Neudeck.

Herr von Hindenburg war als Präsident der Deutschen Republik nur das Symbol der deutschen Treue und zugleich der stramme Verfechter der monarchischen Idee gewesen. Er stammt väterlicherseits aus einer wenig begüterten Adelsfamilie, mütterlicherseits aus Bürgerkreisen. Das Stammgut seiner Vorfahren, Neudeck in Ostpreußen, war ein bescheidener Besitz. Kläglich in den Augen seiner gewaltigen Gutsnachbarn. Aber inzwischen hatte Herr von Hindenburg einen so wichtigen Posten im Deutschen Reich bezogen, dass seine Gutsnachbarn es angebracht fanden, ihn die Not der Großgrundbesitzer aus eigener Erfahrung kennenlernen zu lassen. Der alte, schlaue Graf von Oldenburg-Januschau, einer der forschesten und eigensüchtigsten Herren des Großagrariertums, trieb aus Kreisen Industrieller und hochherziger Spender – denn dass bei seinen Leuten nichts zu erben war, wusste er – die nötigen Mittel auf, um durch die Schenkung des ansehnlich vergrößerten Gutes Neudeck den Herrn von Hindenburg unter die Magnaten einzureihen.

Die Schenkung sollte sich den Gutsnachbarn bald als äußerst einträglich erweisen. Sehr rasch spielte sich der greise Feldmarschall in die Rolle eines Großagrariers ein. Als Brüning, Begründer der Osthilfe, mit seinen bescheidenen Siedlungsplänen herausrückte, jagte ihn der alte Herr wegen »bolschewistischer« Machenschaften zum Teufel. Als im Januar 1933 unter des General von Schleichers Regime in den Skandal der Osthilfe Hindenburgs eigener Sohn, der Oberst Oskar, hineingerissen wurde, da gab es für den Vater kein Bedenken mehr: Um solche Schande zu verhindern, ließ er den treuen Intriganten Schleicher fallen und berief Adolf Hitler. Es blieb der Lohn nicht aus.

Gut Neudeck, das zwecks Einsparung der Erbschaftssteuer auf den Namen von Hindenburgs Sohn eingetragen, unter Brüning aus preußischem Domänenbesitz erweitert worden war, wurde nun unter Hitler wiederum aus preußischem Staatseigentum durch die Domäne Langenau gewaltig arrondiert. Gut Neudeck hat in den Machenschaften der neuen Kamarilla eine ähnliche Rolle gespielt wie in der wilhelminischen Kamarilla Eulenbergs Besitz Liebenberg.

Den letzten Ausschlag für die Umwälzung in Deutschland hatte Oskar von Hindenburg gegeben. Er war im Dritten Garderegiment Regimentskamerad Kurt von Schleichers gewesen, hatte lange mit ihm zusammen konspiriert, im engen Konnex mit dem Dritten dieses Bundes, dem bürgerlichen Meissner. Meissner, der treue Adlatus Eberts, überstand jeden Regimewechsel dank seiner Ergebenheit zu Oskar von Hindenburg. Auch Schleicher hatte dem jungen Hindenburg seine Karriere zu verdanken, seine Ernennung zum General gegen alle Tradition, er, der nie an der Front gewesen war.

Aber Schleicher hatte die Kasinofreundschaft überschätzt; ihm fehlte der Blick für Schwerkraft von Wirtschaftsmächten. Als er seinen sanften Vorstoß gegen den Großgrundbesitz versuchte, sah er plötzlich als Gegner den Kameraden Oskar auftauchen. Oskar verlegte sich zunächst auf ernste Vorhaltungen. Er argumentierte mit der Verschuldung von Gut Neudeck. Erfüllte die Regierung jetzt nicht alle Agrarforderungen, dann war Neudeck ebenso pleite wie der gesamte Großgrundbesitz.

Schleicher gab nicht nach. Die Freundschaft war aus, der Dreierbund gesprengt; Schleicher wurde geopfert.

Der treue Meissner wurde ins Dritte Reich übernommen.

Oskar führt weiter die Geschäfte des Reichspräsidenten.

FRANZ VON PAPEN

Vizekanzler im Dritten Reich
Hauptmann a. D.
Im Krieg Organisator von Bombenanschlägen in Amerika
Reichskanzler a. D.
Großindustrieller und Herrenreiter.

FRANZ VON PAPEN

»Aus Anlass von Betätigungen in militärischen und Marineangelegenheiten, die die Regierung für unschicklich erachtet, hat die Regierung um sofortige Abberufung des deutschen Marine-Attachés, Kapitän Boy-Ed, und des deutschen Militär-Attachés, Hauptmann von Papen, ersucht, die dieser Regierung nicht länger genehm sind.«

Durch die Nennung in diesem Statement des Staatssekretärs Lansing vom 4. Dezember 1915 tritt Herr von Papen zum ersten Mal in die Geschichte ein. Er, der »die altgermanische Abscheu vor dem Strohtod« verherrlicht, der den »Krieg einen Schmelzofen nationaler Verbundenheit« nennt, hat selbst seine »heldische Aktivität« in seltsamer Weise betätigt. Im Januar 1916, als er endlich von der deutschen Regierung zurückberufen wird, können die Engländer durch Beschlagnahme seines Gepäcks einen Fang machen, der entscheidend für die amerikanische Politik wird. In einem Weißbuch »Auswahl von Papieren, die am 2. Januar 1916 in Falmouth im Besitz des früheren Militär-Attachés von Papen gefunden wurden« – die Schrift wird in der ganzen Welt sofort verbreitet – vereinigt man: 126 Schecks mit Nummer, Datum, Namen des Zahlungsempfängers, Angabe der dafür geleisteten Dienste, Dollarbetrag mit Indossamenten und Notizen – jedes Dokument mit geradezu bürokratischer Pedanterie ausgeführt und unterzeichnet von Herrn von Papen. Unzählige amerikanische Staatsbürger werden durch diese gewissenhaften Notizen belastet; es geht unter anderem daraus hervor, dass der Attentäter der Vanceboro-Brücke 700 Dollar auf Scheck Nr. 87 empfangen hat. Noch als die Vereinigten Staaten ganz unter dem Eindruck dieser Veröffentlichungen stehen, läuft die Nachricht ein: »Seine Majestät der König von Preußen habe geruht, dem Hauptmann von Papen im Generalstab der Armee den Roten Adlerorden vierter Klasse zu verleihen«. Damit war Herrn von Papens Wirksamkeit im Krieg nicht erschöpft. Während des Palästinafeldzuges 1917, bei der überstürzten Räumung von Nazareth, überlässt Herr von Papen den nachrückenden Engländern wiederum eine Reihe wertvoller Briefschaften, die ergeben, dass Herr von Papen nicht nur am Komplott zur Sprengung des Welland Canals beteiligt war, sondern auch Gelder zur Inszenierung von Revolten in den verschiedensten südamerikanischen Staaten, von Bombenattentaten gegen Munitionsschiffe und zur Unterstützung des irischen Aufstandes (Sir Roger Casement) verteilt hat.

»Schon im Krieg«, sagte der durch solche Tüchtigkeit sich auszeichnende Herr von Papen in seiner Rede »Vom Deutschen Soldatentum«, »zeigte sich, wer der geborene Krieger war«.

Seit jenen Tagen der »heroischen Epoche« – wie er es nannte – verschwand der elegante Herr von Papen, um sich ganz seiner Lieblingsbeschäftigung des Herrenreitens zu widmen, seinen Interessen an der saarländischen Industrie, die er seiner Ehe mit einem Fräulein von Boch verdankt, und nur gelegentlich einen Ausritt auf politisches Gebiet im adelsstolzen »Herrenclub« zu unternehmen. Dort predigt er: »Der accord à trois muss zustande kommen im Hinblick auf den Kampf gegen den Bolschewismus« (Protokoll vom 27. Februar 1931).

Auf diesen ganz vergessenen Herrn von Papen verfiel nun der »soziale General« Kurt von Schleicher, der geschickteste Marionettenspieler des früheren Regimes. Schleicher war als Vertrauter des Generals

Gröner aufgestiegen, hatte gemeinsam mit dem Reichswehrminister den mächtigen General von Seeckt gestürzt, brachte Gessler durch Verwickelung in eine Korruptionsaffäre zu Fall, ersetzte ihn durch Gröner, half den sozialdemokratischen Reichskanzler Müller durch Brüning zu ersetzen, zwang Gröner zur Demission und – fand schließlich, nach Brünings Beseitigung, den Herrn von Papen. Wenn der Meister der Intrige sich den »Hanswurst« – wie er ihn höhnte – nun heranholte, glaubte er nichts anderes zu tun, als dem durch Brünings Sturz beleidigten Zentrum eine freundliche Geste zu erweisen. Dass nichts hinter diesem Herrn v. Papen stehe als einige Politiker aus einer »hauchdünnen Herrenschicht«, war wahrscheinlich genauso seine Meinung, wie die Meinung der gesamten Öffentlichkeit. Aber Herr v. Papen hatte doch eine Macht als Rückendeckung: die Sympathien des Herrn von Hindenburg, und er gewann sich durch sein Programm des aggressiven Lohnabbaus mächtige Bundesgenossen, Großagrariertum und Schwerindustrie. Freilich hatte Herr v. Papen alle politischen Parteien gegen sich, selbst das Zentrumsblatt »Germania«, dessen Aktienmajorität in seinen Händen war. Hitler hatte in einer durch Oskar von Hindenburg vermittelten Unterredung dem Generalfeldmarschall versprochen, Papen zu tolerieren. Als jedoch dieser Pakt mit dem Herrenclub sich in der Agitation gegen die NSDAP auszuwirken begann, setzten unter Göbbels' Führung wütende Angriffe gegen Papen ein, der auf dem Rücken der NSDAP »behände in die Amtlichkeit geklettert« sei. Hitlers Versprechen der Tolerierung war nur ein Missverständnis.

Herr v. Papen, mit jener Unbekümmertheit, die ihn schon bei seiner amerikanischen Mission ausgezeichnet hatte, mit jener Schneidigkeit alten Adels, begann seine Reichskanzlerschaft mit zwei Ulanenritten. Er löste den Reichstag auf und er jagte das preußische Kabinett Braun-Severing durch Staatsstreich davon.

Der 20. Juli 1932 ist oft als die Schicksalsstunde der Weimarer Republik bezeichnet worden. Nur der Gewalt zu weichen, hatte Preußens Innenminister Severing feierlich erklärt. Die preußische Regierung hielt noch die gesamte Schutzpolizei fest in den Händen. Die Zustimmung der Führer der Gewerkschaften und der Sozialdemokratie zum Generalstreik hätte im ganzen Land eine mächtige Streikwelle entfacht.

Die Kommunisten drängten zum Generalstreik. Zum größten Erstaunen des Herrn v. Papen selbst wichen Severing und die Preußenregierung der »Gewalt« eines Reichswehrhauptmannes mit drei Mann. Der Staatsstreich der deutschen Reaktion war in jenem Land geglückt, das als »Bollwerk der Demokratie« von seinen regierenden Parteien jahrelang gepriesen worden war.

Doch Papen und Schleicher erkennen am Wahlausfall des 31. Juli 1932, dass die kommunistische Bewegung in Deutschland wächst. Jeder für sich plant, die NSDAP in die Regierung hineinzunehmen. Sie wollen ihr freilich nicht die Exekutive ausliefern, aber ihr endlich die Funktion zuweisen, die ihr von den herrschenden Schichten längst zugedacht war. Hitler jedoch fordert die Reichskanzlerschaft, konzentriert seine SA rings um Berlin – und wird von Hindenburg wieder weggeschickt.

Papen löst wieder den Reichstag auf, und die Neuwahlen bringen Hitler, dem Zauderer, 2 Millionen Stimmen Verlust. In der NSDAP verschärft sich die Krise – Gregor Strasser erhebt sich als Wortführer der Enttäuschten. Die Nervosität wächst im Präsidentenpalais. Papens Programm, als große Ankurbelung der Wirtschaft »verkündet«, gerät schon nach wenigen Wochen in die Sackgasse; es ist auf den Widerstand der Arbeiter gestoßen und eine Streikwelle ergießt sich durch das Land, die ihren Höhepunkt im Riesenstreik der Berliner Verkehrsarbeiter im November 1932 findet. Nun hat Schleicher keine Marionette mehr, nun muss er selbst ins Rampenlicht treten. Als Papen stürzt, erhält er vom Hause Hindenburg einen Abschiedsdank so herzlich wie kein Reichskanzler vor ihm.

So tritt nun Schleicher, in dem ihm unbequemsten Zeitpunkt, das Kanzleramt an. Im Hintergrund steht Papen, der ihm den Sturz nicht verzeiht, und zieht die Fäden zur Hochfinanz, dem Schwerkapital und dem Großgrundbesitz, um den »sozialen General« zu stürzen. Papen versteht es, seine Verbindung zum Hause Hindenburg auszunutzen und seine Rolle als Mittelsmann zur NSDAP, als »Treuhänder« Hindenburgs, vorzubereiten.

Schleicher will zur politischen Stützung seines Kabinetts seine »Querverbindungen« vom sozialdemokratischen Gewerkschaftsführer Leipart über die christlichen Gewerkschaften bis zum Strasser-Flügel der Nationalsozialisten ausnutzen. Gleichzeitig hält er engste Fühlung mit Herrn Krupp von Bohlen-Halbach, dem Vorsitzenden des Reichsverbandes der deutschen Industrie. Als Schleicher durch Papens Verhandlungen mit der Schwerindustrie, den Junkern und Hitler immer stärker unter Druck gerät, gibt er den Osthilfeskandal der Öffentlichkeit preis. Milliarden, bestimmt für Mittel- und Kleinbauern, vergeudet von Großgrundbesitzern! Bloßgestellt ist die Clique, die den greisen Reichspräsidenten durch die Schenkung von Gut Neudeck zu einem der ihren gemacht hat. Höchste Herrschaften sind durch den Skandal kompromittiert – auch die Gattin des Ex-Kaisers Hermine; auch der Hauptmann Oskar von Hindenburg. Das Junkertum drängt auf die Beseitigung Schleichers. Nun ist zum langen Fackeln keine Zeit. Jetzt heißt es handeln, um jeden Preis und ohne Überlegung: eine echte Papen-Situation.

Deutschland hat zwei Residenzen in jenen Tagen Ende Januar 1933; kein Parlament mehr, nur noch das »Palais« des Reichspräsidenten und den gegenüberliegenden »Kaiserhof«, Hitlers Hotelquartier. Am 28. Januar beruft Papen Hitler und seine Getreuen in das Palais; der Handel zerschlägt sich an Postenfragen; wird wieder aufgenommen, als Herr von Papen vage Gerüchte von einem Militärputsch verbreiten lässt und als in dieser unsicheren Lage die Gefahr eines Generalstreiks der Arbeiter immer realer wird. Am Sonntagabend führt der Handel zu einem überstürzten Abschluss: dem »Nationalen Kabinett«. Hitler zum Reichskanzler ernannt – in Hugenbergs Hand vereinigt alle Wirtschaftsministerien – Papen Vizekanzler und Reichskommissar für Preußen, also Göring übergeordnet.

Papens und der Großagrarier Rechnung war, man würde schon mit Hitler noch fertig werden, wenn man ihn »in die Macht hereingenommen« habe. Als nach Görings Reichstagsbrandstiftung die Wellen der »Nationalen Revolution« im ganzen Reich hochschlugen und Görings Mordaufforderungen gegen die Marxisten von Tausenden SA-Leuten wörtlich genommen wurden, hielt Herr v. Papen Reden in einem gemäßigten, staatsmännischen Tonfall, in denen er um seine politische Position kämpfte, die von der nationalsozialistischen Flut stark unterspült wurde. Göring wurde Ministerpräsident in Preußen, Papen erlitt eine große persönliche Niederlage.

Herr v. Papen, forscher und wendiger als Hugenberg, verstand es, sich der nationalsozialistischen Regierung anzupassen. Er ist weder national noch sozial, der Salonlöwe des Herrenclubs. Er erkannte jedoch, ganz im Sinne seiner Freunde von der Schwerindustrie und dem Agrariertum: »Dem Volk muss der Nationalsozialismus erhalten werden«. Das Hitlerregime sollte für ihn eine Episode werden, wie der Weltkrieg es für ihn war, die er mitmacht, solange sie ihm nicht seine Lebensgewohnheiten und seine Geschäfte stört. Herr v. Papen hat eifrig an der »Beendigung der nationalen Revolution« mitgearbeitet, er sieht seine und seiner Freunde Geschäfte unter Hitler blühen und gedeihen und spielt seine Rolle als Vizekanzler weiter. Als Sonderkommissar der Hitlerregierung für das Saargebiet lässt er die Millionen aus Göbbels' Propagandafonds durch seine Hände rinnen, um besonders die christliche Bevölkerung der Saar für die Rückkehr nach Hitlerdeutschland »bearbeiten« zu lassen.

Nun ist Papen eine Episode im Dritten Reich geworden.

ALFRED HUGENBERG

Ex-Reichsminister, der bei der Fahrt ins Dritte Reich in den falschen Zug stieg.

ALFRED HUGENBERG

Alfred Hugenberg, aus wohlhabender Hannoveraner Familie, war nach einem gründlichen juristischen und nationalökonomischen Studium schon frühzeitig in den Staatsdienst gelangt. Dank seiner über den Durchschnitt ragenden Kenntnisse wie dank seiner Schneidigkeit gegenüber den wilhelminischen Untertanen. Als stellvertretender Landrat in Wesel und als Mitglied der Siedlungskommission in Posen hat er bereits mit aller Schärfe den Typus des »nationalen Mannes« der preußischen Junker und der Großindustriellen verteidigt. Er hat die Interessen dieser beiden Gruppen verheiratet und als Vermittler dieser Vernunftehe ist er zur Macht gelangt.

Schon 1903 als vortragender Rat im Preußischen Finanzministerium konnte Hugenberg seine Beziehungen zur Rüstungsindustrie so festigen, dass er nach seinem Ausscheiden aus dem Staatsdienst zum Direktor der Berg- und Metallbank in Frankfurt am Main und schließlich zum Generaldirektor von Krupp aufstieg. Von 1909 bis 1918 blieb er bei Krupp, als die Blutströme auf den Schlachtfeldern dieses Werk zur Blüte trieben und seine Anlagen ins Gigantische vergrößert wurden.

Im Frühjahr 1918 witterte der »schlaue Fuchs« – wie er in Freundeskreisen hieß – die Pleite und zog sich schleunigst aus dem Krupp-Konzern zurück, er, der im Hinterland die tollsten Annexionen gepredigt und die verdammten Flaumacher bekämpft hatte. Nach der Niederlage des wilhelminischen Imperialismus wandte sich Hugenberg parteipolitisch sofort der äußersten Rechten zu. Als Vorsitzender des Zechenverbands, als Aufsichtsratsmitglied der Deutsch-Luxemburgischen und der Gelsenkirchener Bergwerksgesellschaft war er noch immer ein wichtiger Faktor der Rheinisch-Westfälischen Schwerindustrie.

Hatte Hugenberg im Krieg Kanonen fabriziert, so warf er sich nun auf eine Munition an anderer Front: die »Öffentliche Meinung«. Er fasste die bereits seit 1918 von der Schwerindustrie aufgekauften Verlags-, Presse- und Nachrichten-Gesellschaften zusammen, vor allem die Telegrafen-Union (TU) und die Scherl GmbH (mit ihren Zeitungen »Der Tag«, »Lokalanzeiger« usw.). Dank seiner Beziehungen zum Stinnes-Konzern konnte er die Inflationszeit in reichem Maße nutzen, mit den winzigsten Mitteln zahlreiche Provinzblätter aufzukaufen oder – durch Gründung der Mutuum Darlehens AG – von sich abhängig zu machen.

Er bekannte auf einer Tagung der Deutschnationalen 1927 in seinem Wahlkreis Herford gegenüber dem Vorwurf, er sei Inflationsgewinnler: »Wenn ich Inflationsgewinne gemacht habe, so hat sich das so vollzogen, dass ich für eine Organisation, an deren Spitze zwölf nationale Männer stehen, schwache nationale Blätter, auch Blätter, die bis dahin den nationalen Kurs nicht eingehalten haben, erworben habe, um sie entweder der nationalen Sache zuzuführen oder sie aber in dem nationalen Gleis zu erhalten.«

1927 ramschte er die Filmfirma Ufa, die in finanziellen Schwierigkeiten steckte, zu seinen Besitztümern. 1929 erreichte er Rundfunk-Konzessionen für die zu seinem Konzern gehörige Nachrichten-Agentur Telegrafen-Union. Im gleichen Jahre ließ er seine Ostbank für Handel und Gewerbe, die infolge falscher Spekulationen Riesenverluste erlitt und den ganzen Hugenberg-Konzern mit dem Zusammenbruch bedrohte, durch Übernahme von der preußischen Regierung der Weimarer Koalition retten.

Bis dahin hatte Hugenberg bescheiden als Inspizient hinter den Kulissen seines Theaters der »Öffentlichen Meinung« gewirkt; hatte zur Beschimpfung und Verhöhnung des Gegners seine Partei- und Pressedarsteller auf die Bühne gesandt. 1928 aber trat er selbst auf als Erster Vorsitzender der Deutschnationalen Partei mit diktatorischen Rechten, verlor zwar durch Zersplitterung der bisherigen Parteiführer einen großen Teil seiner Partei, schmiedete dafür aber umso fester den »Nationalen Block«. Sein Parteimitglied Dr. Bang vermittelte ihm den persönlichen Kontakt mit Adolf Hitler.

»Eigentlich« stand die nationalsozialistische Bewegung im »Kampf« gegen Inflationsgewinnler wie den Zeitungskönig Hugenberg. Strasser hielt gelegentlich sogar scharfe Reden gegen den »spießigen Geheimrat«. Aber um Hugenbergs vollendeten Propaganda-Apparat für die Inszenierung eines hübschen, billigen Triumphzuges zu verwerten, überwand der Führer seine Programmbedenken und schloss einen Bund mit dem Trustherrn. Hitler trat in Hugenbergs »Reichsausschuss für das deutsche Volksbegehren« ein, also in die getarnte Front der Unternehmerkreise. Er erwarb sich so die einträgliche Freundschaft nicht nur Hugenbergs, sondern auch das Wohlwollen der gesamten Montanindustrie.

Als nach dem Misslingen des Volksentscheids Hindenburg die Younggesetze unterzeichnete, hatte Hugenberg einen »Erfolg« zu verbuchen: Die Nationalsozialistische Deutsche Arbeiterpartei war durch Subventionen der Schwerindustrie die reichste aller deutschen Parteien geworden.

Doch sich den Star Adolf Hitler zum Propagandachef für seine faschistischen Ziele engagiert zu haben, sollte Hugenberg teuer zu stehen kommen. Hugenberg ließ sich die Starallüren seines neuen Freundes wirklich alles kosten. Nicht nur seinen Propaganda-Apparat opferte er ihm, er errichtete ihm auch ein Piedestal: die Harzburger Front. Im heilkräftigen Bad Harzburg lagen sich 1930 Deutschnationale, Stahlhelmer, Nazis in den Armen und schwuren sich Treue bis übers Dritte Reich hinaus.

Ende 1932 wusste jeder Eingeweihte: Hugenberg hatte sich mit seinem Film-, Presse-, Telegrafenbüro-Unternehmen übernommen. Auch die Nazis waren zu Beginn des Jahres 1933 im Abstieg begriffen – die letzten Wahlziffern sprachen deutlicher noch als die verschleierten Hugenberg-Bilanzen. Zwar war die Harzburger Front längst wieder zerfallen – vergeblich hatte der Herzog von Koburg versucht, sie wieder zu schmieden – nun aber überkleisterte sie der Osthilfeskandal. Als das »Palais« des Reichspräsidenten dem Hotel Kaiserhof (Hitler) das Reichskanzleramt anbot, war die Bedingung: Hugenberg, der alte Junker- und Schwerindustrie-Verkuppler, habe alle Wirtschaftsministerien Preußens und Deutschlands zu übernehmen.

»Hitler Reichskanzler, doch von Papens und Hugenbergs Gnaden«, sagte sich damals das bürgerliche Deutschland. Doch Hugenberg musste nach der geglückten Provokation der Reichstagsbrandstiftung, die mit einem Schlag das politische Kräfteverhältnis zugunsten der Nationalsozialisten änderte, bald begreifen, dass die Heilkraft von Bad Harzburg ebenso wenig vorhielt wie die Treueschwüre. Wirtschaftskrise und Auslandsboykott, Rückgang der »gleichgeschalteten« Presse unterhöhlten noch dazu seine Unternehmen Ufa und Scherl Verlag. Das war nicht mehr der große Trustherr Hugenberg (der zwar noch heute im Aufsichtsrat der Gelsenkirchener Bergwerks AG sitzt, aber den Glanz des Machthabers verloren hat). Man trieb bei den Bauern Propaganda gegen den alten Geheimrat. Göring löste seine Kampfverbände polizeilich auf. Man sandte Hugenberg nach London, wo er auf der Weltwirtschaftskonferenz ein Memorandum präsentierte, das allgemeine Heiterkeit hervorrief, vom Berliner Auswärtigen Amt desavouiert wurde, seine Rückberufung zur Folge hatte und schließlich seinen Sturz beschleunigte.

Was hatte Hugenberg so Außerordentliches gefordert? Dass man dem in Russland herrschenden »Chaos« ein Ende mache und Deutschland die Möglichkeit gebe, im Osten zu kolonisieren. Aber das war doch nur Adolf Hitlers eigenes Programm: »Wenn wir aber heute in Europa von neuem Grund und Boden reden, können wir in erster Linie nur an Russland und die ihm untertanen Randstaaten denken [...]. Wir stoppen den ewigen Germanenzug nach dem Süden und Westen Europas und weisen den Blick nach dem Land im Osten [...].« (Hitler, *Mein Kampf*, Seite 742, 1933):

Der kleine rundliche Geheimrat war als Versuchsballon in die Stratosphäre der antirussischen Bündnispolitik aufgestiegen und zerplatzt. Er war zu früh abgereist. Er wurde dem »Totalitäts«-Drang der Hitlerpartei politisch geopfert.

Zwar stand Hugenberg noch auf der Liste zu den »Wahlen« im Hitlerreich am 12. November 1933; noch immer gehört er jenem »Freundeskreis« an, dessen Mitgliedschaft man nur durch den Tod verliert; jenem hugenbergischen Kreis, der mit Schwerindustriellen und Großagrariern zusammen den Hugenberg-Konzern weiter kontrolliert.

Aber Alfred Hugenberg ist nur noch der Schatten des Herrschers über Deutschlands »Öffentliche Meinung«; stark verblichen neben Thyssen, Schmitt und Schacht.

DIE DRAHT-ZIEHER

STAATSRAT FRITZ THYSSEN

Mitglied des Generalrats der Deutschen Wirtschaft, Herr des deutschen Stahltrusts.

»§ 13. Wir fordern die Verstaatlichung aller (bisher) bereits vergesellschafteten (Trusts) Betriebe.«

Programm der NSDAP.

DER »JUNGE« THYSSEN

»Wir fordern eine unseren nationalen Bedürfnissen angepasste Bodenreform, Schaffung eines Gesetzes zur unentgeltlichen Enteignung von Boden für gemeinnützige Zwecke.«

Programm der Nationalsozialistischen Deutschen Arbeiterpartei, § 17. München, den 24. November 1920.

Aber man kann sich irren. Am 13. April 1928 berichtigte Adolf Hitler diesen winzigen Irrtum durch die Erklärung, der Passus »unentgeltliche Enteignung« beziehe sich nur auf »die Schaffung gesetzlicher Möglichkeiten, Boden, der auf unrechtmäßige Weise erworben wurde oder nicht nach den Gesichtspunkten des Volkswohls verwaltet wird, wenn nötig, zu enteignen. Dies richtet sich demgemäß in erster Linie gegen die jüdischen Grundspekulationsgesellschaften.« Das klang ja schon sehr beruhigend. Aber es gab Leute, die es noch genauer wissen wollten. Und denen erklärte Dr. Feder in einem Kommentar zu dem Hitlerspruch, wer nach nationalsozialistischer Theorie als »schaffender« Unternehmer anzuerkennen sei. Nämlich »die wirklich großen Schöpfer unserer Schwerindustrie, die Krupp, Kirdorf, Thyssen, AbU, Mannesmann, Siemens«.

Schon jene Soldaten, die während des Weltkriegs feindliche Kanonen mit dem Vermerk »Krupp, Essen« eroberten, konnten es erleben, wie ein Schöpfer der Schwerindustrie nach den Gesichtspunkten des Volkswohls handelt. Und ebenso dankbar wird es der Arbeiter im Dritten Reich anerkennen, dass sein Volksgenosse Thyssen, 30-facher Aufsichtsrat, Aufsichtsratsmitglied der Ufa, Mitglied des Zentralausschusses der Reichsbank, Vorstandsmitglied des Rheinisch-Westfälischen Kohlensyndikates, erster Vorsitzender der internationalen Rohstahlgemeinschaft, Vorsitzender des Vereins für die Bergbauinteressen usw., dass also dieser Mann im Reichswirtschaftsrat seine (natürlich des Arbeiters) Interessen vertritt. Er wird, wenn er das vorgeschriebene Eintopfgericht löffelt, sich dankbar des Feder'schen Kommentars im Programm der NSDAP erinnern: »Riesenbetriebe (Konzerne, Syndikate und Trusts) werden verstaatlicht«.

Natürlich geht das nicht so schnell. Der Riesenbetrieb des Samuel Cohn z. B., der an der Straßenecke Schnürsenkel verkaufte, der ist bereits durch einen SA-Sturm verstaatlicht worden. Mit dem deutschen Stahltrust wird das noch ein wenig dauern – der deutsche Arbeiter hat ja Zeit, seit die Lebensdauer des Dritten Reichs von Herrn Polizeikommandeur Himmler auf 10 000 Jahre errechnet worden ist.

Übrigens sind die Verdienste des Thyssen so eminent, dass sie bereits von der Republik anerkannt wurden, obwohl doch damals Herr Thyssen schon als strammer Monarchist und Gegner jeder Gewerkschaftspolitik ihr offener Feind war. Er hielt sich auch deswegen jeglichem Privatverkehr mit diesen Regierungsvertretern fern. Aber außer Subventionen trug ihm die Republik nichts nach – die Subventionen allerdings gleich in Unsummen. Nach dem Krieg, durch die Entschädigungszahlungen für die abgetretenen Werke, durch die Ruhrentschädigungen 1923/24 an die Schwerindustrie, machte sie Herrn Thyssen wieder flott, ermöglichte ihm den Erwerb der Bergbau- und Hütten-AG Siegerland, Beteiligung an der Bremer Vulkan AG, der Flensburger Schiffsbau AG – das alles aus den »Entschädigungen« – und zahlte unausgesetzt Zuschüsse an den Siegerländer Erzbergbau, an dem Thyssen Hauptbeteiligter war.

Der alte Thyssen bereits war der Prototyp des Trustkönigs gewesen, Verfechter der monopolistischen Trust- und Kartellzusammenschlüsse. Er hat 1867 das Eisen- und Stahlunternehmen gegründet, war durch Aufkauf lothringischer Erzlager, normannischer Erzlager und des in Caen befindlichen Stahlwerks zu einem der mächtigsten Großindustriellen schon vor dem Krieg geworden. Das alles hatte der – heute 60-jährige – junge Thyssen geerbt. Mehr das als etwa des Vaters geschäftliche Begabung. Der junge Thyssen hatte oft und viel durch Fehlspekulationen verloren – er wurde stets allerdings gerettet, durch die Republik zuerst, dann durch die Inflation, ja, er war einer der von Herrn Hitler so oft verdammten Inflationsgewinnler. Der Zusammenbruch des Stinnes-Reichs bedrohte nach der Inflation auch Thyssens Existenz. Da kam neue Hilfe: Gründung des Stahlvereins (Vereinigte Stahlwerke); die monopolistische Preisdiktatur versprach Riesendividenden und hohen Gewinn. Der Verein schluckte 1926 – kurz nach der Gründung – 800 Millionen Auslandsanleihe.

Unzählige Millionen verlor der Stahlverein dank Thyssens Scharfblick: durch planlosen Ausbau der Werke mit kurzfristigen Krediten, besonders auch durch einen langjährigen Liefervertrag mit der größten schwedischen Erzgesellschaft, der zu den alten hohen Preisen unmittelbar vor Ausbruch der Krise abgeschlossen war. Das Reich trug die Kosten, denn die vor allem geschädigten Banken wurden ja vom Staat subventioniert. In der schwierigsten Lage des Herrn Thyssen, als er mit seinen 25 % Aktien in die Minorität gedrängt war, stand der andere Großaktionär Flick eines Tages ohne Deckung da. Die Brüning-Regierung musste ihn durch Ankauf seiner Anteile – zum doppelten Börsenkurs – aus der Klemme ziehen. Die Kurse schnellten wieder hinauf und mit ihnen die Macht Thyssens.

Aber als damals Thyssens Großmachtstellung bedroht schien, da schloss er – ganz zufällig natürlich – eine Seelenfreundschaft mit Adolf

Hitler. Im Februar 1932 veranstaltete Thyssen im Düsseldorfer Industrieclub eine Tagung der Ruhrindustriellen, denen er seinen Freund Hitler präsentierte. Damals gewann Herr Hitler die Herzen der Industriellen – es war Hitlers größter Sieg. Und Adolf Hitler hat sich seinem großherzigen Wegbahner, dem Herrn über Zehntausende von Sklaven der Bergwerke und Metallhütten an der Ruhr, rührend dankbar gezeigt.

Thyssen konnte im Frühjahr 1933, mit halbkommunalen Geldern, die Aktienmehrheit der Rheinischen Braunkohlen AG aufkaufen und den langjährigen Leiter Silverberg – einen Juden allerdings – hinausbefördern. Silverberg stand in Beziehungen zum konkurrierenden Chemietrust (IG-Farben-Industrie AG) und hatte sich gegen eine Unterordnung der Stahlvereinsmacht gewehrt. Thyssen ließ sich in den Aufsichtsrat wählen und wurde nun so auch Beherrscher des rheinischen Braunkohlenbaus. Er sanierte sich obendrein durch die Finanzreserven der Braunkohlen AG.

Thyssen wurde im Dritten Reich zum wirtschaftlichen Staatskommissar für Rheinland-Westfalen ernannt. Diese Ernennung verlieh die wirtschaftliche Obergewalt im am dichtesten bevölkerten Industriegebiet Deutschlands dem Mann, der schon in ganzen Revieren, wie Duisburg, Hamborn und Mühlheim, über Tausende von Arbeiterfamilien sein Regime der schärfsten Ausbeutung führte. Die nationalsozialistische Diktatur machte einen Mann zum wirtschaftlichen Staatskommissar, der den Hunderttausenden von Ruhrarbeitern, den Mittelständlern, den Klein- und Mittelunternehmungen der verarbeitenden Industrie die Verkörperung der brutalsten Macht des Großkapitals darstellt.

Thyssen erhielt Riesengewinne durch die jetzt erfolgte Scheinauflösung des Stahlvereins in Einzelgesellschaften. Der Staat büßt seine teuer erworbene Aktienmajorität ein, während Herr Thyssen im neuen Gebilde der Hauptnutznießer sein wird. Es ist selbstverständlich, dass keine deutsche Zeitung diese zum Wohle des Volkes beschlossene Maßnahme kritisieren darf.

Das Dritte Reich hat jedem das Seine gegeben.

Im Bezirk der Rheinisch-Westfälischen Schwerindustrie wird Jagd gemacht auf doppelverdienende »Volksschädigende«. Das Arbeitsamt Dortmund verfährt nach dem Grundsatz: Wenn in einer Familie mehrere Familienmitglieder arbeiten und ihr gemeinschaftliches Monatseinkommen 190 Mark übersteigt, so muss ein Familienmitglied die Arbeit einstellen, um einem bisher unterstützten Arbeitslosen Platz zu machen.

Herr Thyssen gilt nicht als Doppelverdiener und nicht als Volksschädling. Ihn hat Adolf Hitler, der Führer, zum Herrn über das industrielle Herz Deutschlands gemacht.

Sein Revier ist nicht mehr allein Hamborn und Mühlheim. Sein Revier ist das ganze Dritte Reich geworden.

»NOVEMBERVERBRECHER« REICHSBANKPRÄSIDENT
DR. HJALMAR SCHACHT

DR. HJALMAR SCHACHT

»Und in der Hand des ›Schicksals‹ eine Gott wohlgefällige Rolle zu spielen, war offenbar Schachts Ehrgeiz, als er das Amt eines ›Reichsbankpräsidenten‹ übernahm und sich dann der Ufa-Wochenschau zum Filmen überantwortete, wobei er heftige Handbewegungen vollführte, die aller Wahrscheinlichkeit nach Energie ausdrücken sollten.

Es ist ein altes, gut erprobtes Mittel, die Fronvögte über ein Volk verschwenderisch [aus den Taschen ebendieses Volkes, versteht sich] besolden zu lassen […]. 1926 war Schacht zur Beratung mit Wallstreet in Amerika und soll für diese Reise 40 000 Mark an ›Spesen‹ verbraucht haben. Nun, das gleicht sich durch einige Selbstmorde [Freitod sagt man jetzt in der vornehmen Presse] in Deutschland wieder aus […]. Im ›Völkischen Kurier‹ nannte Herr E. Piechottka Schacht am 22. Juni 1925 den ›Vater des größten Volksbetruges aller Zeiten‹, den ›Urheber der radikalsten Volksausbeutung‹ und fügte hinzu: ›Dass Dr. Schacht auch seine Ehre verloren hat, hat er bisher noch gar nicht bemerkt, hat er doch schon viermal den öffentlichen Vorwurf, Verbrecher am deutschen Volk und der Henker der deutschen Wirtschaft zu sein, verjähren lassen, ohne eine Beleidigungsklage zu versuchen, weshalb ich ihm hiermit nochmals die Gelegenheit

> *bieten möchte, freundlichst das Versäumte nachzuholen.‹ Schacht hat auch diese Gelegenheit ungenützt gelassen.«*
>
> Alfred Rosenberg: *Dreißig Novemberköpfe* (Kampfverlag, Berlin 1927. Seite 237–244).

Im Kampfverlag 1927 gab Alfred Rosenberg Steckbriefbiografien derjenigen Deutschen, »Novemberverbrecher« genannt, die durch ihr verbrecherisches Treiben Deutschland bewusst ins Unglück manövriert hätten. Neben Opfern der nationalsozialistischen Mordfeme, wie Erzberger, Rathenau und dem Schriftsteller Maximilian Harden, wurde auch Herr Hjalmar Schacht, der »jeden Tag zweimal seine Überzeugung wechselt«, als ein solcher Verbrecher präsentiert. Es ist der einzige Fall, in dem von nationalsozialistischer Seite zugestanden ist, dass sie einen Verbrecher in ihren Reihen hat. (In einer späteren Auflage des Werkes allerdings wurde Herr Schacht, durch Streichung aus dieser Verbrecherreihe, begnadigt.)

Er hat wirklich seine äußere Haltung nur geändert, aber nicht seine Überzeugung, die stets war: Vertretung der Interessen der Großindustriellen und des Finanzkapitals gegen alle sozialen, nationalen und freiheitlichen Belange. Er hat sich in seinem politischen Gesicht nur mit der allgemeinen Veränderung der Bedingungen für die Vertretung dieser Interessen der Finanzoligarchie verändert.

Hjalmar Schacht ist 1877 in Schleswig geboren, also in einem hocharischen Distrikt. Nach Absolvierung der frommen Gelehrtenschule des Johanneums und Erreichung der Doktorwürde trat er in die Zentralstelle zur Vorbereitung von Handelsverträgen ein, diente sich bald zum Leiter hinauf, wurde von der Dresdener Bank zum Archivdirektor berufen und stieg in ihr zum Direktor auf. Den Weltkrieg verbrachte er als Dezernent des Generalgouvernements in Brüssel, wo er an der Errichtung der Notenbank und an der Finanzierung der berüchtigten belgischen Kriegskontributionen mitarbeitete. Herr

Dr. Schacht war Vorstandsmitglied (1915/23) und Direktor der Nationalbank für Deutschland, später der Darmstädter- und Nationalbank, die dem jüdischen Bankier Jacob Goldschmidt unterstand. Im nationalsozialistischen Werk »Juden sehen dich an«, verfasst von einem Dr. Johann von Leers, ist über diesen Jacob Goldschmidt gesagt: »Jacob Goldschmidt, genannt das Jacöble. Herrscher und ungekrönter König im deutschen Bankwesen, zuletzt noch auf Reichskosten saniert«. Da ist offensichtlich »vergessen« worden hinzuzufügen, dass Herr Schacht Direktor und Vorstandsmitglied bei Goldschmidt war und dass Herr Thyssen die Geschäftsfreundschaft mit diesem »ungekrönten König des Bankwesens« noch heute innigst pflegt.

An fast allen Nachkriegsverhandlungen über die Reparationslasten war Herr Hjalmar Schacht beteiligt. 1923 wurde er zum Reichswährungskommissar ernannt und bald danach Reichsbankdirektor, als Kandidat der Bankiers und als Hoffnung der Demokratischen Partei. Er wurde gegen Helfferich, den Kandidaten der Deutschnationalen, gewählt. Die Inflation hatte die Großbanken schwer geschädigt, die Schwerindustrie und das Großagrariertum aber vor dem Bankrott gerettet. Herr Schacht hatte sich als Vertreter der Bankinteressen aufstellen lassen; kaum im Amt schwenkte er zu den Interessen der Schwerindustrie über und half ihnen, die Inflation zu nutzen.

Eine weitere populäre Tat des Dr. Schacht war seine Organisierung des sogenannten »Schwarzen Freitag« im Jahre 1927. Angeblich zur Eindämmung der Auslandskredite gab Schacht am 13. Juli 1927 Krediteinschränkungen bekannt, die alle Börsenkurse sprunghaft fallen ließen. Großbanken und Schwerindustrie konnten, da sie vorher Kenntnis hatten, durch Blankoverkäufe immense Spekulationsgewinne auf Kosten der kleinen Besitzer einheimsen. Herr Hjalmar Schacht tat unschuldig wie ein neugeborenes Friesenkind.

Er war ebenso unschuldig bei der Unterzeichnung des Youngplanes in Paris. Im Youngplan war bereits die »Erschließung« neuer Märkte für Deutschland vorgesehen, das war bereits eine Vorwegnahme von Hitlers Siedlungsraum im »Osten«. Den Youngplan hatte Herr Schacht bis ins Letzte mit ausgearbeitet, erst in letzter Minute drückte er sich vor der Unterzeichnung, als Thyssen plötzlich schwenkte.

1929 war Herr Dr. Schacht, die neue faschistische Entwicklung in Deutschland witternd, auf Wunsch der Schwerindustrie bereits von der Reichsbankleitung zurückgetreten und verharrte in Reservestellung, auf seinem Landgut, sich der Schweinezucht widmend. Seit Hitler sich mit der Schwerindustrie verbündet hatte, bekehrte sich der Novemberverbrecher und Mitarbeiter Jacob Goldschmidts zur Theorie der arischen Wiedergeburt und trat im Ausland, vor allem in Amerika, als Wanderprediger für eine Hitlerdiktatur auf. Bei allen Versuchen Hitlers, von Hindenburg zum Reichskanzler ernannt zu werden, tauchte Herr Schacht als einer der beliebtesten und einflussreichsten Mittelsmänner im feudalen Hotel »Kaiserhof« zu Berlin auf.

Unter Hitler beherrscht nun Dr. Schacht die Finanzpolitik des deutschen Faschismus. Er brauchte sich im Wesen seiner Finanzpolitik als Vertreter seiner alten Freunde, der Schwerindustriellen, nicht im Geringsten zu ändern. »Federgeld« oder einstige Forderungen gegen die »Zinsknechtschaft« bleiben auf dem Papier stehen. Kein Mensch in der Hitlerregierung denkt an die Verwirklichung von Feders »unabänderlichen« Programmforderungen. Schacht »kontrolliert« auch das »Arbeitsbeschaffungsprogramm« in der Kommission der Finanz- und Wirtschaftsministerien und bewahrt sie vor überstürzter Tätigkeit. Durch die staatliche Beteiligung an den meisten Großbanken, nach der Abschaffung des Generalrates der Reichsbank vor einigen Monaten, hat sich Dr. Hjalmar Schacht eine Finanzposition mit viel größerem Einfluss verschafft als je in der Zeit, da er sich als Vertrauensmann der Demokraten gab.

Kein Rosenberg würde heute das Kapitel vom »Novemberverbrecher« aufzuschlagen wagen.

GENERALDIREKTOR REICHSWIRTSCHAFTSMINISTER
DR. SCHMITT,

der das Herzstück der Partei, »die Brechung der Zinsknechtschaft«, erfolgreich gebrochen hat.

GENERALDIREKTOR KURT SCHMITT

»Ehret die deutsche Arbeit, so hat Herr Staatsrat und Gauleiter Grohé den heutigen Kongress überschrieben; und ich glaube, er hat damit den Kernpunkt des ganzen Problems getroffen.«

Reichswirtschaftsminister Schmitt am 13. August.

»Denn es stimmt freilich nicht, was so oft gedankenlos gesagt wird, dass Arbeit an sich schon den Menschen adelt.«

Preußischer Staatsrat Florian, *Almanach der nationalsozialistischen Revolution* (Brunnenverlag, 1933).

»Das Geld ist die allersozialste Angelegenheit, die es gibt.«

Dr. Gottfried Feder (ebendort).

»Adelig wird Arbeit erst dann, wenn man ihr den Makel des nur Geldverdienens nimmt.«

Preußischer Staatsrat Florian (ebendort).

Aber da kennt man sich nicht mehr aus. Denn als Herr Hugenberg flog, da schwebte herein Herr Schmitt, Generaldirektor des größten deutschen Versicherungstrusts, der Allianz u. Stuttgarter Versicherungs AG, also anscheinend ein Mann, an dessen Arbeit der Makel des Geldverdienens klebt. Das hat Herr Schmitt durch seine frühere Tätigkeit in hohem Maße bewiesen. Zu jener Zeit, anno 1931, als sein Konkurrenzunternehmen, die »Favag«, zusammenbrach und auch sein Allianz-Konzern ins Schwanken geriet. Der wurde aber vom Staat gestützt. Der Allianz-Konzern übernahm alle Aktiva des Versicherungsgeschäftes Favag, ohne die Passiva; d. h. fast alle vorhandenen Vermögensbestände, während die Schulden in der Konkursmasse verblieben.

Kein Makel des Geldverdienens klebte an dieser Arbeit. Mag er auch bei seinen profitablen Transaktionen einem Dutzend Gesetzesparagrafen Gewalt angetan haben. Deswegen also ernannte wohl das Dritte Reich Herrn Schmitt, der noch nicht einmal ein »Märzling« war, das heißt nach seiner Ernennung erst zur NSDAP gefunden hat, zum Reichswirtschaftsminister des nationalsozialistischen Staats. Bis dahin war Herr Schmitt Mitglied des Generalausschusses der Reichsbank, langjähriges Mitglied der Zulassungsstelle an der Berliner Börse, Vorsitzender des Reichsverbandes der Privatversicherungen und vielfacher Aufsichtsrat gewesen, ganz getreu dem Feder'schen Postulat: »Es muss gefordert werden, dass das Geld und Kreditwesen nicht in den Händen einzelner Privatpersonen oder Privatinstitute sich befindet und sich so zu der verderblichen Geldmacht entwickeln kann, zu der es sich in der Epoche des Kapitalismus entwickelt hat, zum Ausbeuter oder Zerstörer aller Arbeit und Wirtschaft« (Almanach).

Gleich eine der ersten Leistungen des Herrn Reichswirtschaftsministers zielte darauf hin: Die alte Leitung des Wirtschaftsamtes der NSDAP wurde abgesetzt und wegen »eigenmächtigen Handelns und Sabotage«, womit man einige scheinbar mittelstandsfreundliche Wirtschaftsmaßnahmen meinte, ins Konzentrationslager gebracht.

Denn Herr Schmitt ist zwar sehr für nationalsozialistische Weltanschauung, er hat gar nichts dagegen, dass man die besten deutschen Wissenschaftler an die Luft setzt, dass man Staatsfeinde auf der Flucht erschießt, dass man Juden und Judenstämmige verfolgt, aber was die Finanzwirtschaft betrifft: Da hört der Spaß auf! »Jeder, der nicht dazu berufen ist und der infolgedessen auch nicht genug davon versteht, muss sich enthalten« (Rede vom 13. August).

Oder nach dem alten Preußenspruch: *Suum cuique.* Jedem das Seine. Der SA die Reinigung der Rasse, dem Herrn Generaldirektor die Aufsichtsratsposten.

Da sind zum Beispiel diese jungen Leute, die Studenten, »die mit allem zerfallen sind und aus Mangel an praktischer Arbeit am liebsten die ganze Welt auflösen und von Anfang an neu aufbauen möchten.«

Ja, wo kämen wir denn hin, wenn junge Studenten, statt Geländeübungen zu machen, die Welt neu aufbauen. Was nottut, hat Herr Dr. Schmitt am 21. September 1933 mitgeteilt:

»Der einzige Weg, aus der gegenwärtigen Not wieder herauszukommen, ist, den einzelnen Wirtschaften wieder die Möglichkeit zu geben, zu rentieren. Jeder Unternehmer muss gewiss sein, einen Nutzen zu erzielen, bei allem, was er unternimmt [...]. Darum will man auch keine zwangsmäßige Herabsetzung der Zinsen, sondern eine Sanierung, wie sie auch sonst im Wirtschaftsleben üblich ist.«

Herr Dr. Schmitt – wie man sieht – fürchtet kein Konzentrationslager. Gewöhnliche arische Sterbliche werden wegen Verbreitung von Gräuelmärchen mit einem Jahr Gefängnis bestraft, wenn sie – wie der Nadelmacher Wittler – an Bekannte schreiben, Deutschland leide unter dem Hitlersystem. Der Herr Reichswirtschaftsminister darf ungestraft solche Kritik an dem Arbeitsbeschaffungssystem am 13. August 1933 auf dem Kongress der »Deutschen Arbeit« im Rheinland üben:

»Wir dürfen nicht glauben, dass wir durch gewaltsame Eingriffe, durch Meldungen über Siege, örtliche Erfolge, örtliche Beseitigung von Arbeitslosigkeit nun das große Problem der wirklichen Beseitigung von Arbeitslosigkeit lösen können [...]. Es hat keinen Zweck, wenn man heute die Arbeitslosen in einem Bezirk auf Befehl in Arbeit bringt, ohne dass die Unternehmen es verdauen können, oder wenn man sie auf einen anderen Bezirk abschiebt […]. Es meint nun jeder Berufene und Unberufene, er könne etwas versuchen in seiner Branche, in seiner Stadt, in seinem Landkreis. Da sollen in einer Stadt nur noch Waren verkauft werden, die in ihr selbst erzeugt worden sind. In autarkischem Bestreben suchen sich die einzelnen Provinzen und Länder voneinander abzuschließen […]. Es ist nicht schwer, in einem kleinen Landkreis, wo ganz wenig Industrie ist, die Arbeitslosigkeit damit zu bekämpfen […], dass man die örtliche Versorgung proklamiert und damit den örtlichen Absatz der örtlichen Unternehmen hebt. Aber sehen Sie sich doch die örtliche Landkarte Deutschlands an. Was soll dann hier aus dem Ruhrgebiet werden […].«

Wie lange ist dies her:

»Die Brechung der Zinsknechtschaft ist das Herz des Nationalsozialismus.«

Gebrochenen Herzens muss sich nun der treue Feder von Herrn Schmitt sagen lassen:

»Darum will man auch keine zwangsmäßige Herabsetzung der Zinsen, sondern eine Sanierung, wie sie auch sonst im Wirtschaftsleben üblich ist.«

Böse Zungen behaupten: üblich auch schon vor dem Machtantritt Adolf Hitlers.

NACHWORT

Martin Dreyfus

Schau ich mir die Juden an, hab ich wenig Freude dran
Fallen mir die andern ein, bin ich froh ein Jud zu sein.

(Albert Einstein)

1934 erschien in den vom »abtrünnigen Kommunisten« Willi Münzenberg im Jahr zuvor übernommenen »Exilverlag« Editions du Carrefour in Paris ein Buch unter dem Titel »Naziführer sehen Dich an. 33 Biographien aus dem Dritten Reich«. Die Publikation erschien ohne einen Hinweis auf einen Verfasser, eine Herausgeberin.

Bereits im Jahr zuvor war in diesem Verlag das bekannte »Braunbuch über Reichstagsbrand und Hitlerterror« erschienen, eine der ersten Buchveröffentlichungen, welche die vom Naziregime bereits in den ersten Monaten der Herrschaft verübten Gräueltaten publik machten.

Die 33 Portraits sind mit zumeist scharfer Satire und/oder Ironie gepaart verfasst, auch wenn der Verfasser u. a. schreibt: »Es gibt ein Grauen vor den Abgründen menschlichen Ungeistes, aus dem man sich in keine Satire mehr flüchten kann.« (S. 119)

Vorangegangen war dieser Publikation 1933 ein Pamphlet aus dem »NS.-Druck und Verlag Berlin-Schöneberg« mit dem Titel »Juden sehen Dich an« in der Dr. (Johann-Jakob) v(on) Leers (1902 bis 1965) jüdische – aber auch nicht jüdische Persönlichkeiten der Weimarer Republik in übelster Weise verunglimpfte und in den Kapiteln »Blutjuden, Lügenjuden, Betrugsjuden, Zersetzungsjuden, Kunstjuden, Geldjuden« zusammenfasste, auf das hier – um einem der – weit über das Ende des Dritten Reiches hinaus – übelsten Nazipropagandisten und Antisemiten keine weitere »Ehre« anzutun nur zur Erklärung hingewiesen sei. Ebenso knapp sei auf die »Schrift 1« aus dem Stürmerverlag »Juden stellen sich vor. Vierundzwanzig Zeichnungen vom Stürmerzeichner Fips« (i. e. Philipp Rupprecht 1900 bis 1975) mit antisemitischen Karikaturen aus dem Jahr 1934 hingewiesen.

Babette Gross, die Lebensgefährtin Willi Münzenbergs schreibt über »Naziführer sehen Dich an« in Ihrer Biografie über Willi Münzenberg:

> *»Nach der Rückkehr aus Moskau, in den letzten Augusttagen 1933 war von einer Misstimmung nichts mehr zu spüren. Münzenberg setzte unverdrossen seine Arbeit fort. In den wenigen Montaten ihres Bestehens hatten die Editions du Carrefour grosse Fortschritte gemacht. Der weltweite Erfolg des ersten »Braunbuches« wirkte sich auch auf die weitere Produktion aus.*
>
> *Zwischen 1933 und 1937, ehe Münzenberg, infolge seines Bruches mit der Komintern, die Arbeit in den Editions du Carrefour einstellen musste und der Verlag praktisch liquidiert wurde, erschienen unter seiner leitenden Regie rund 50 deutschsprachige Broschüren und Bücher, – eine stattliche Liste –, von denen ein guter Teil auch ins Französische oder Englische übersetzt wurde. »Auf die Braunbücher, zu denen noch je eine Nachtragsbroschüre herauskam, folgten 1934 als weitere politische Anklage- und*

Kampfschriften vor allem die von Walter Mehring verfasste, aber anonym veröffentlichte Sammlung von 33 Biographien aus dem Dritten Reich (»Naziführer sehen Dich an«).

Die Editions du Carrefour, Paris, setzten die Arbeit des Neuen Deutschen Verlages, Berlin, fort. Die erste grosse Publikation dieses Verlages, das »Braunbuch über den Reichstagsbrand«, war zugleich das erste Buch, das die spezifischen politischen Aufgaben der deutschen Emigration in die Tat umsetzte. Es erwies sich als wirkliche Waffe gegen die Nazigefahr. Das gleiche gilt für weitere Bücher dieses Verlags. Daneben brachte er Werke revolutionärer Autoren wie Kisch, Regler, Köstler, Seghers, Gedichte von Becher und Brecht, Übersetzungen aus dem Englischen und Holländischen …. Ohne Zweifel. Die Existenz der emigrierten Deutschen Schriftsteller und Ihrer Verlage ist ein fortwährender Kampf. Er wird noch viele Opfer kosten.

Denn hier gibt es ja keine Organisationen und Behörden, keine Großunternehmungen, Banken oder Mäzene, die sich Verlage »leisten«. Arm wie die Massen, für deren Zukunft sie wirken, leben Autoren wie Verleger von der Hand in den Mund. Diese Existenzunsicherheit erzeugt einen empfindlichen Mangel an Planung und Stetigkeit, sie macht die Herausgabe allzu umfangreicher Werke, die verlegerische Initiative auf lange Sicht und die so wichtige Spezialisierung der Produktion fast unmöglich. Ein knappes Dutzend von Verlagen, abgeschnürt vom Mutterland, kann eben die Verstümmelung des Verlagswesens einer großen Kulturnation nicht wettmachen.«

Fritz H. Landshoff hat in seinen »Erinnerungen eines Verlegers« auch den in Frankreich entstandenen Exilverlagen einige Hinweise gewidmet:

> *»Unter den neu gegründeten Exilverlagen ist Editions du Carrefour zu erwähnen. Dieser, von Willi Münzenberg und Babette Gross gegründet, hat das Verdienst, bereits im Spätsommer 1933 das «Braunbuch» veröffentlicht zu haben; zweifellos die wirksamste Dokumentensammlung der ersten Monate des Hitlerregimes. Der von (Paul) Roubiczek gegründete Europäische Merkur (Paris) litt von Anfang an an Geldmangel. Das kleine Unternehmen setzte allzusehr auf den von Ernst Glaeser versprochenen Roman «Der letzte Zivilist». Glaesers «Jahrgang 1902» war seit 1928 bei Kiepenheuer ein sensationeller Verkaufserfolg mit einer Auflage von 85 000 Exemplaren gewesen und wurde von Hermann Hesse, Thomas Mann, Carl von Ossietzky, Arnold Zweig u. a. gelobt. Es war Roubiczek und Ernst Glaesers Lektor Peter de Mendelssohn entgangen, dass Glaeser ein typisches einmaliges Erfolgsbuch geschrieben hatte und ein unzuverlässiger Charakter war, der sich bereits auf dem Wege zum Nationalsozialismus befand. «Der letzte Zivilist» wurde zwar endlich abgeliefert, konnte aber den Verlag nicht retten.«*

Neben den vergleichsweise großen Verlagen Querido und Allert de Lange in Amsterdam wurden gerade auch in Frankreich in den ersten Jahren der Emigration mehrere zumeist kleinere Exil- beziehungsweise Emigrationsverlage gegründet. Sie waren eher kurzlebig, nicht allein auf Grund der politischen Entwicklung, sondern weil – im Gegensatz etwa zu Querido, Allert de Lange oder auch Oprecht – vor allem ihre finanzielle Grundlage zu schwach war. Einige, wie vor allem die von Willi Münzenberg geleiteten »Editions du Carrefour« pflegten eine klare politische Ausrichtung. Ihre politischen Publikationen waren absolut führend, von den beiden berühmten »Braunbüchern« bis zu »Der gelbe Fleck«, die mehrere Auflagen erlebten. An dieser Ausrichtung orientierte sich auch die literarische Produktion mit Büchern der Autoren Bertolt Brecht, Egon Erwin Kisch oder Gustav Regler.

Babette Gross, Lebensgefährtin und Biografin von Willi Münzenberg hält dazu fest: »Die Titel dieser Produktion sprechen für sich selbst. Wohl selten war das Programm eines Verlages so hartnäckig auf ein Ziel ausgerichtet. Zweifellos waren die Editions du Carrefour mit diesen Veröffentlichungen neben der sozialdemokratischen Verlagsanstalt Graphia in Karlsbad in diesen Jahren eines der aktivsten Zentren der antifaschistischen deutschen Emigrations-Literatur.«

Die »Editions du Carrefour« waren 1928 durch Pierre G. Lévy (1894–1945) zur Herausgabe seiner avantgardistischen Zeitschrift »Bifur«, in welcher neben James Joyce, Hans Arp, Tristan Tzara u. a. auch Gottfried Benn vertreten war – gegründet worden. Er war zudem Verleger des ersten Ausgabe (1929) von Max Ernst's nachmals berühmtem Buch »La femme à 100 têtes«. Nach 1933 – darin Querido und Allert de Lange ähnlich – stellte Lévy seinen Verlag der Emigration in der Person von Willi Münzenberg zum Kampf gegen den Faschismus zur Verfügung.

Ein Hinweis mag an dieser Stelle auch der Buchgestaltung gelten. Während vor allem die Exilverlage Querido und Allert de Lange in Amsterdam mit bemerkenswerter künstlerischer bzw. teilweise auch nur typografischer Gestaltung der Schutzumschläge aufwarten, kommen die Publikationen der Exilverlage in Frankreich – mit der einzigen Ausnahme der Editions du Carrefour ausgesprochen schmucklos und von einigen Ausnahmen abgesehen, auch ohne grafische Gestaltung aus. Einzig für einige politische Publikationen von Münzenbergs

Editions du Carrefour gestaltet der Buchkünstler und Typograf John Heartfield einige der eindrücklichsten Schutzumschläge dieser Zeit.

Walter Mehring

Walter Mehring war in den Jahren der Weimarer Republik neben und mit Kurt Tucholsky wohl der bedeutendste zeitkritische Schriftsteller, Lyriker und Satiriker zugleich. Geboren war er 1896 in Berlin als Sohn des Journalisten, Publizisten und Übersetzers Sigmar Mehring und der aus Prag stammenden Opernsängerin Hedwig Löwenstein. Während Sigmar Mehring bereits 1915 verstarb wurde Hedwig Löwenstein später aus Berlin nach Theresienstadt deportiert, wo sie 1942 ums Leben gebracht wurde.

Nachdem Walter Mehring wegen »unbotmäßigen Verhaltens« von der Schule verwiesen worden war, nahm er, nach einem extern abgelegten Abitur zu Beginn der Kriegsjahre 1914/15 in Berlin und München ein Studium der Kunstgeschichte auf. In den darauffolgenden Jahren publizierte Herwarth Walden in seiner Zeitschrift »Der Sturm« erste Gedichte von Walter Mehring. Mehring zählte in Berlin mit nach dem Ende des Krieges aus Zürich zurückgekehrten Richard Hülsenbeck zu den Mitbegründern von »Dada Berlin«. Seit den 1920er Jahren publizierte Mehring mit zunehmendem Erfolg und Resonanz Beiträge vor allem in literarischen Zeitschriften, in der von Sigfried Jacobsohn herausgegeben »Weltbühne« ebenso, wie in Leopold Schwarzschilds »Tagebuch«. In Gedichten und Prosa schrieb er gegen zunehmenden Antisemitismus wie Militarismus und Nationalsozialismus an. Mit seinem 1920 veröffentlichten ersten Gedichtband »Das politische Cabaret« gehörte er zu den Protagonisten des politisch-literarischen Kabaretts der Weimarer Zeit. So verfasste er Lieder und Chansons für das Theater »Schall und Rauch« von Max Reinhardt uns für die »Wilde Bühne« von Trude Hesterberg. Bei Trude Hesterberg lernte er u. a. Bert Brecht kennen, was Mehring (in einem bisher unpublizierten kurzen Text festgehalten hat). In den Jahren zwischen 1921 und 1928 lebte Mehring vorwiegend in Paris, wo er sich u. a. auch als Übersetzer betätigte. Bereits vor der Machtübernahme durch die Nationalsozialisten gehörte der »scharfzüngige« Mehring zu den den Nazis am meisten verhassten »Linksintellektuellen«. So entging Mehring – von verschiedener Seite gewarnt – durch Flucht im März 1933 nur knapp seiner Inhaftierung. Seine Publikationen landeten sowohl auf dem Index wie auf den Scheiterhaufen der Bücherverbrennungen im Mai 1933. Mehring selbst lebte in den folgenden Jahren unter anderem in Wien, Zürich und Paris. 1939 wurde er interniert, 1941 gelang ihm die Flucht aus dem Lager St. Cyprien und mit Hilfe und Unterstützung von Varian Fry – für dessen »Emergency Rescue Commeittee« er selber einige Zeit tätig gewesen war – die Emigration über La Martinique in die USA. Hier verfasste er u. a. sein bis heute am bekanntesten gebliebenes Buch »The lost Library«. »Die verlorene Bibliothek« darf – neben seinem lyrischen Werk – wohl mit Fug als das bedeutendste Buch von Walter Mehring bezeichnet werden. Gleichzeitig ist es – in der Emigration in Amerika entstanden – das letzte größere Werk, welches der Autor schrieb, zu schreiben in der Lage war. Spätere Arbeiten blieben Bearbeitungen, »Fragmente aus dem Exil«, immer Teil – nicht mehr vollendete, abgeschlossene Werke. Auch von der »verlorenen Bibliothek« erschienen im Laufe der Jahre mehrere (leicht) veränderte Ausgaben.

Nach seiner Rückkehr aus den USA lebte Mehring ab 1953 stets unterwegs und nirgendwo mehr »sesshaft« in Berlin, Hamburg und München ebenso wie in Ascona und Zürich, wo er auch seine letzten Lebensjahre zubrachte. Der erfolgsverwöhnte Schriftsteller der Zwischenkriegszeit konnte – wie so manch Andere – an seine Erfolge der Vorkriegszeit kaum mehr anknüpfen – die Zeit war über den satirischironischen Lyriker hinweggegangen. Walter Mehring starb 1981 in Zürich. Beigesetzt wurde er auf dem Friedhof Sihlfeld.

Walter Mehrings »Nazi-Führer sehen Dich an« – hier wieder zugänglich gemacht – ermöglicht einen weiteren Einblick in die breite Palette der aufklärerischen publizistischen Bemühungen der antifaschistischen Emigration. Dass diese Anstrengungen nicht ausreichend wirksam werden konnten, lag ebenso daran, dass den Inhalten der Veröffentlichungen von manchen Leserinnen und Lesern zu dieser Zeit wohl noch zu wenig »Glauben« geschenkt, wie auch an den eingeschränkten Möglichkeiten der Verbreitung. Dennoch legen diese Publikationen bis heute ein eindrückliches Zeugnis vom publizistischen Kampf der Schriftstellerinnen und Schriftsteller gegen das Naziregime ab. Der – trotz mancher Bemühungen in den Nachkriegsjahren und bis in die Gegenwart – kaum gebührend wahrgenommene Walter Mehring war zu dieser Zeit einer ihrer gewichtigsten und wortmächtigsten Kämpen.

Literatur

Gross, Babette; Willi Münzenberg. Eine politische Biographie. Stuttgart, Deutsche Verlagsanstalt, 1967.

Landshoff, Fritz H.; Amsterdam, Keizersgracht 333, Erinnerungen eines Verlegers, Berlin, Aufbau, 1991.

Braunbuch über Reichstagsbrand und Hitler - Terror. Paris, Editions du Carrefour, und Basel, Universum Bücherei, 1933.

Mehring, Walter; Die verlorene Bibliothek, Zürich, zocher & peter, 2013.

Bildnachweis

S. 2 wikimedia commons
S. 14 akg-images
S. 26 akg-images
S. 27 akg-images
S. 32 akg-images
S. 38 wikimedia commons
S. 40 akg-images / WHA / World History Archive
S. 48 akg-images / TT News Agency / SVT
S. 58 Heritage-Images / Keystone Archives / akg-images
S. 62 akg-images / TT News Agency / SVT
S. 68 akg-images
S. 78 akg-images
S. 84 akg-images / TT News Agency / SVT
S. 88 akg-images / arkivi
S. 92 akg-images
S. 98 akg-images / brandstaetter images
S. 104 akg-images
S. 108 akg-images / WHA / World History Archive
S. 114 akg-images / brandstaetter images / Austrian Archives (S)
S. 118 bpk / Bayerische Staatsbibliothek / Heinrich Hoffmann
S. 125 akg-images / TT News Agency / SVT
S. 130 Hinkler bpk / Kunstbibliothek, SMB, Photothek Willy Römer / Willy Römer
S. 132 wikimedia commons
S. 136 bpk
S. 140 akg-images / INTERFOTO / HERMANN HISTORICA GmbH
S. 144 akg-images
S. 148 akg-images
S. 152 akg-images / brandstaetter images / Austrian Archives (S)n
S. 156 akg-images
S. 164 akg-images / TT News Agency / SVT
S. 174 Heritage Images / Historica Graphica Collection / akg-images
S. 177 bpk / Kunstbibliothek, SMB, Photothek Willy Römer / Willy Römer
S. 180 akg-images / De Agostini Picture Library
S. 186 akg-images / brandstaetter images
S. 194 akg-images / TT News Agency / SVT
S. 202 akg-images
S. 208 akg-images
S. 214 akg-images / brandstaetter images / Austrian Archives (S)